CAHIERS

▶ n° 167 / 4ᵉ trimestre 2021

PHILOSOPHIQUES

CAHIERS PHILOSOPHIQUES
est une publication de la Librairie Philosophique J. Vrin
6, place de la Sorbonne
75005 Paris
www.vrin.fr
contact@vrin.fr

Directeur de la publication
DENIS ARNAUD

Rédactrice en chef
NATHALIE CHOUCHAN

Comité scientifique
BARBARA CASSIN
ANNE FAGOT-LARGEAULT
FRANCINE MARKOVITS
PIERRE-FRANÇOIS MOREAU
JEAN-LOUIS POIRIER

Comité de rédaction
ALIÈNOR BERTRAND
LAURE BORDONABA
MICHEL BOURDEAU
JEAN-MARIE CHEVALIER
MICHÈLE COHEN-HALIMI
JACQUES-LOUIS LANTOINE
BARBARA DE NEGRONI
STÉPHANE MARCHAND
SÉBASTIEN ROMAN

Sites internet
www.vrin.fr/cahiersphilosophiques.htm
http://cahiersphilosophiques.hypotheses.org
www.cairn.info/revue-cahiers-philosophiques.htm

Suivi éditorial
ÉMILIE BRUSSON

Abonnements
FRÉDÉRIC MENDES
Tél. : 01 43 54 03 47 – Fax : 01 43 54 48 18
abonnements@vrin.fr

Vente aux libraires
Tél. : 01 43 54 03 10
comptoir@vrin.fr

La revue reçoit et examine tous les articles, y compris ceux qui sont sans lien avec les thèmes retenus pour les dossiers. Ils peuvent être adressés à : cahiersphilosophiques@vrin.fr. Le calibrage d'un article est de 45 000 caractères, précédé d'un résumé de 700 caractères, espaces comprises.

ISSN 0241-2799
ISSN numérique : 2264-2641
ISBN 978-2-7116-6019-3
Dépôt légal : mai 2022
© Librairie Philosophique J. Vrin, 2022

SOMMAIRE

ÉDITORIAL

« Il est plus facile d'imaginer la fin du monde que la fin du capitalisme », écrivait en 2003 le théoricien politique Fredric Jameson [1].

Ce numéro consacré aux « Lieux de l'utopie » paraît dans un contexte politique, économique, social et écologique qui laisse paraître de plus en plus les impasses du modèle de production dominant. Le dérèglement climatique qui affecte d'ores et déjà l'ensemble de la planète touche aussi bien les sociétés humaines que l'ensemble des réalités non directement produites par les hommes quoique modifiées par lui : des sols aux glaciers, des littoraux aux cimes des montagnes, des rivières aux océans, de l'atmosphère aux phénomènes météorologiques qui s'y engendrent, sans compter les espèces végétales et animales au sein des multiples lieux et milieux avec lesquels elles interagissent.

On remarque toutefois que la littérature de ce début de XXIᵉ siècle semble peu concernée par ces changements majeurs, à moins qu'elle ne soit simplement démunie. La fiction peine à « porter des récits alternatifs » sinon sous la forme de représentations apocalyptiques, dont le pendant plus intellectualisé serait la « collapsologie » [2]. Comme s'il y avait là quelque chose d'impossible à représenter et à penser dans les formes habituelles de la littérature sinon dans la modalité de l'effondrement. Le roman de C. McCarthy *La route* est à cet égard paradigmatique. N'est-ce pas justement cette place qui pourrait revenir à des « fictions utopiques » prenant le relais de la forme romancée pour dessiner des possibles dans une conjoncture historique où des transformations apparaissent aussi nécessaires que complexes à concevoir et imaginer [3] ? Les manières de nommer et de décrire ont un impact considérable sur nos manières d'appréhender le monde et d'y intervenir : ainsi, là où la notion « d'effondrement » suggère un processus inéluctable et fatal, celle de «basculement» permet au contraire d'envisager une pluralité de scenarios et « d'amplifier l'ouverture des possibles » [4].

De façon très discutable, les penseurs de l'« effondrement » sont parfois qualifiés de « néo-andersiens » [5]. Pourtant, là où les « collapsologues » annoncent que l'effondrement est « l'horizon de notre génération » et « le début de son avenir », que tout reste donc « à penser, à imaginer et à vivre », Anders est beaucoup plus radicalement désespéré. Le contexte, l'horizon historique et politique de ces différents travaux ne sont certes pas les mêmes : Anders réagit à la catastrophe que représentent l'extermination planifiée des juifs sous le IIIᵉ Reich et les bombes nucléaires sur Hiroshima et Nagasaki. Dans « l'après » de ces destructions, il juge qu'il n'y a plus d'utopie possible, seulement une dystopie. Nous ne pourrions être, au mieux, que des hommes « du temps de la fin », des « cathécontes » auxquels incombe la tâche de repousser, aussi

1. Cité par J. Baschet, « Quels futurs pour l'utopie ? Remarques à partir de la rébellion zapatiste », p. 25.
2. *Cf.* J. P. Engélibert, « Utopie ou effondrement ».
3. *Ibid.*, p. 82-83.
4. *Cf.* J. Baschet, *Basculements*, Paris, La Découverte, 2021, p. 19.
5. *Cf.* C. David, « Messianisme et dystopie », note 77, p. 39.

longtemps que possible, l'inéluctable fin du monde[6]. Dans ces variations et divergences, la manière d'envisager l'utopie se trouve mise en jeu.

Dans ses textes antérieurs à la Seconde Guerre mondiale, Anders estimait en effet que « l'homme est un être véritablement utopique » en tant qu'il est étranger au monde et que l'avenir est le « medium de sa liberté »[7]. L'utopie est alors pensée en lien avec l'idéologie qui en constitue un double déformant. Lorsqu'elle tend à se confondre avec l'idéologie, l'utopie se réduit à n'être qu'une aspiration à une simple perpétuation du présent. Mais elle se révèle tout aussi inutile et stérile lorsqu'elle se déploie dans un horizon temporel si éloigné qu'il en devient irréel.

L'homme utopique, écrit Anders à Arendt, possède une « contre-image complète de son monde authentique »[8]. Imprégnée par un millénarisme, l'utopie est ici pensée sur le modèle d'un « royaume » qui doit advenir *hic et nunc*, une sorte de paradis céleste sur terre. Pour de nombreux penseurs de l'utopie dont E. Bloch et K. Mannheim, si la révolte de Thomas Münzer au XVIᵉ siècle constitue un épisode historique crucial, c'est parce qu'elle procède de la conscience vive des injustices du temps, jointe à l'espérance qu'un autre monde est possible et doit éclore dans le présent même de la révolte. Dans cette configuration de l'utopie, il ne s'agit ni d'imaginer ni même de contribuer à ce qui va advenir lointainement, ni de cerner les contours de ce nouveau royaume annoncé par les textes religieux, seulement de lui faire voir le jour sans attendre. Malgré l'écart historique de la révolution industrielle et les bouleversements qu'elle aura induits, les espérances attachées aux révolutions du début du XXᵉ siècle peuvent être lues comme relevant d'une même modalité de l'utopie ; elles partagent avec l'espérance théologique la croyance qu'une société débarrassée des contradictions – ici de la lutte des classes – va se réaliser. Un « royaume messianique de la liberté post-historique » auquel Bloch « n'a pas eu le courage de cesser d'espérer » écrit Anders[9]. Si l'on peut craindre que l'esprit même de l'utopie ne se perde dans l'attente fervente d'un nouveau monde, on peut aussi comprendre que l'utopie s'ancre et se renouvelle dans la recherche d'une liberté et d'une justice « insurgeantes », selon le mot d'Abensour.

Ce sont les adversaires conservateurs de l'utopie, ceux qui lui vouent une « haine éternelle », qui l'assimilent sans nuance à un millénarisme, théologique ou révolutionnaire et lui imputent la légitimation d'une société « close, autoritaire et statique »[10]. Ce reproche politique est destiné à disqualifier tout discours utopique. Il donne toutefois l'occasion de distinguer l'utopie de formes rivales qui la menacent et de souligner sa nature fragile voire évanescente. Toute utopie est aux prises avec la possible disparition de sa puissance utopique.

Ainsi, si l'on se rapporte à l'utopie comme à un genre littéraire, on comprend que toute tentative de prendre au pied de la lettre les fictions produites dans ce cadre leur fait immédiatement perdre tout potentiel critique[11]. L'utopie se

6. *Cf.* C. David, « Messianisme et dystopie », p. 38-39.
7. *Ibid.*, p. 29.
8. Cité par C. David, p. 31.
9. Cf. *L'obsolescence de l'homme*, t. 2, cité par C. David, p. 36.
10. *Cf.* P. Vermeren, « Miguel Abensour et le non-consentement à l'ordre du monde », p. 43.
11. *Cf.* « De l'utopie ! », Entretien avec P. Macherey, p. ?

doit de maintenir avec le réel une relation paradoxale. Elle se tient « hors-lieu » et n'est implantée que dans l'imagination quoiqu'elle conserve un lien à la réalité par le refus du monde tel qu'il va. L'utopie ne détermine nullement des possibles objectifs, elle n'a pas vocation à prévoir ce qui peut advenir ni à promettre un avenir radieux. Elle est par excellence la figure du virtuel[12]. Pour Pierre Macherey, l'échec de la guerre des paysans menée par Münzer manifeste que l'utopie, fortement étayée par une eschatologie religieuse, « ne peut faire descendre le ciel sur la terre »[13]. Le discours utopique n'est rien d'autre qu'une prise de conscience aiguë que l'ordre des choses ne se suffit pas à lui-même, qu'il comporte des failles et que celles-ci appellent de profonds changements. En ce sens, la fiction utopique est un symptôme des désordres du monde, elle est un signal d'alerte, non un remède. Le régime d'écriture qu'elle déploie est d'ailleurs approprié au récit d'explorations menées en terre inconnue.

Il n'est pas surprenant que l'interprétation de la nature et du rôle de l'utopie soit un des enjeux majeurs de la lecture des textes de Marx. Qu'on la considère avec Althusser et les Althussériens comme un obstacle épistémologique au développement de la théorie marxiste[14]. Ou qu'on se démarque, à la manière de Miguel Abensour de cette lecture jugée scientiste, au profit d'une attention au mouvement réel du communisme comme « principe énergétique du futur prochain ».

L'utopie est motrice dans la mesure où elle fait signe vers un « autrement que savoir »[15]. Abensour évoque la « conversion utopique » comprise comme une réorientation du regard, ce qui rompt avec les définitions en extériorité de l'utopie. L'utopie n'est pas l'annonce d'un nouveau monde et le temps qui lui est approprié est le présent. Elle n'est ni une Idée régulatrice de la raison, ni un idéal de l'imagination, ni une foi dans le progrès. Elle ne peut au contraire être pensée que comme une « expérience spécifique », propre à ceux qui aspirent à une société autre, préférable à l'ordre présent du monde, sans chercher à brosser de celle-ci un tableau figé. Pour y parvenir, la pensée utopique doit constamment se faire violence à elle-même pour réussir à se défaire des images et idoles dont la résurgence constante mine la capacité d'invention et empêche de se tourner vers « l'expression imaginative » d'un monde nouveau. Ce que Gustav Landauer dans *La révolution*, paru en 1907, nomme une « topie »[16] et qui consiste plutôt dans une tentative expérimentale d'un nouvel être au monde que dans une adhésion à un autre ordre déjà conçu.

L'urgence auxquelles sont confrontées, à des degrés divers, les sociétés contemporaines combinée à l'inertie des manières de penser et d'agir, à l'échelle individuelle autant que collective, a fait surgir la question du « faire utopie » ici et maintenant. Ainsi, l'autonomie zapatiste, en construction dans les territoires rebelles du Chiapas peut-être considérée comme une « utopie réelle »[17] au sens d'une expérience *présente* qui institue une brèche à la fois spatiale et

---

12. *Ibid.*, p. 93.
13. *Ibid.*, p. 86.
14. P. Vermeren, « Miguel Abensour et le non-consentement à l'ordre du monde », p. 45.
15. *Ibid.*, p. 54.
16. *Ibid.*, p. 56.
17. *Cf.* J. Baschet, « Quels futurs pour l'utopie ? Remarques à partir de la rébellion zapatiste », p. 9-25.

temporelle vis-à-vis de la nécessité supposée indépassable de l'ordre politique, social et économique actuel. Cela passe par l'affirmation d'autonomie d'un territoire et par l'invention d'une politique d'auto-gouvernement populaire en sécession vis-à-vis des structures constitutionnelles en vigueur au Mexique. Cette expérimentation sociale et politique ne se projette pas vers une société idéale dont les traits seraient déjà déterminés mais s'invente « en cheminant », au fur et à mesure que surgissent des difficultés nouvelles. Il n'y a en effet pas lieu de supposer que la sortie du modèle économique capitaliste puisse et doive suivre un modèle unique, car il existe une pluralité des mondes et des formes de vie. L'utopie débouche plutôt sur l'invitation à « construire un monde où il y ait place pour de nombreux mondes »[18], ce qui suppose de se mettre en quête de modalités inédites du futur. Et ce d'autant plus, que l'utopie ne saurait aujourd'hui être « seulement humaine », elle se doit d'être « terrestre », avec pour première exigence la sauvegarde de l'habitabilité de la planète pour l'ensemble des vivants humains et non-humains »[19].

Est-ce à dire qu'en s'insérant dans un lieu, en devenant concrète, l'utopie se perde ? Au contraire, car elle demeure utopie lorsqu'elle s'autorise à « investir les marges » pour contester les modes de fonctionnement du monde et inventer des possibles alternatifs aussi nécessaires qu'imprévus[20].

Nathalie Chouchan

■ 18. *Cf.* J. Baschet, « Quels futurs pour l'utopie ? Remarques à partir de la rébellion zapatiste », p. 19.
■ 19. *Ibid.*, p. 25.
■ 20. Cf. « Les communautés utopiques égalitaires », Entretien avec M. Lallement, p. 99-109.

DOSSIER

Lieux de l'utopie

QUELS FUTURS POUR L'UTOPIE?
Remarques à partir
de la rébellion zapatiste

Jérôme Baschet

L'autonomie zapatiste, qui se construit dans les territoires rebelles du Chiapas, peut être considérée comme l'une des utopies réelles les plus remarquables que l'on puisse observer aujourd'hui. On proposera ici une description sommaire de cette expérience et de certains de ses apports plus réflexifs, afin d'en tirer quelques enseignements pour une approche renouvelée de l'utopie, en lien avec l'émergence de régimes d'historicité inédits. Car si l'utopie se meurt sous la chape de plomb présentiste, elle doit aussi défaire ses liens avec les futurs désormais intenables de la modernité – ce qui ne laisse pas d'autre option que de traquer des modalités inédites du futur.

Depuis plus d'un quart de siècle, les territoires rebelles du Chiapas sont le lieu d'une expérimentation collective qui, sous le nom d'autonomie, s'efforce de faire croître des manières de vivre libérées à la fois des logiques destructrices de la marchandisation capitaliste et des formes de dépossession induites par la représentation étatique. Ce que la lutte zapatiste est parvenue à faire émerger, non sans difficultés ni limites, peut être considéré comme l'une des utopies réelles les plus remarquables que l'on puisse observer aujourd'hui à l'échelle planétaire – et cela à la fois par son extension géographique, sa longévité et sa radicalité. Rappelons que c'est dans la nuit du 1er janvier 1994 que l'*Ejército Zapatista de Liberación Nacional* (EZLN) s'est fait connaître, en déclarant la guerre au gouvernement fédéral mexicain et en occupant sans combattre sept villes du Chiapas. Ruinant la fête des élites qui, ce jour-là, entendaient célébrer l'entrée en vigueur de l'Accord de Libre-Échange avec les États-Unis et le Canada, le Mexique d'en bas a ainsi lancé un puissant « ¡ Ya basta! », à la fois à cinq siècles d'oppression coloniale subie par les peuples indiens et à l'imposition généralisée des politiques néolibérales. Alors que triomphait le fameux *There is no alternative* de Margaret Thatcher, le geste audacieux des insurgés mayas s'est donné comme une manière de briser l'arrogante proclamation de la fin de l'Histoire et de la mort des utopies qui faisait alors recette[1]. En rompant la chape de plomb du fatalisme et de la résignation, leur aventure a contribué à raviver l'espérance, un temps éteinte, tout en donnant une forme tangible à l'aspiration à d'autres mondes possibles.

Cette expérience est riche d'apports à la fois pratiques et théoriques, susceptibles de nous aider à repenser ce que peut être l'utopie aujourd'hui. À défaut de pouvoir en développer ici tous les aspects, on optera pour un angle d'analyse spécifique, soucieux d'éclairer la relation entre l'utopie – entendue comme rupture de l'ordre existant et ouverture vers d'autres mondes possibles – et le régime d'historicité au sein duquel elle se déploie – la notion de régime d'historicité désignant la façon dont est pensé le rapport au temps historique et, notamment, la place qu'y occupe le futur[2]. De ce point de vue, le premier défi qu'affronte aujourd'hui la pensée utopique est la prédominance du présentisme – lequel se caractérise par l'effondrement des attentes positives associées au futur, que le régime moderne d'historicité garantissait au contraire, grâce à sa foi dans l'inexorable mouvement du Progrès. Dès lors, l'enfermement dans la fatalité de l'ordre présent dénie toute possibilité d'un horizon alternatif et n'offre pas d'autre option que l'adaptation au réel tel qu'il est. Mais il faut ajouter – et c'est un second défi – que le rejet de l'utopie provient aussi d'une partie du spectre critique qui, dans sa lutte contre l'état de fait, n'envisage que l'action *au présent* et récuse toute anticipation du futur, au motif qu'elle risquerait de détourner de la première[3]. Sans adopter une telle posture, on admettra néanmoins que le futur du régime moderne d'historicité est devenu désormais intenable et qu'il ne saurait être question de chercher à le restaurer. Par conséquent, défaire le présentisme et rouvrir le futur oblige – troisième défi – à faire place à des futurs neufs, c'est-à-dire à des modalités inédites du futur. Et c'est dans l'observation des « utopies réelles » qui expérimentent d'autres mondes possibles, en l'occurrence dans l'expérience zapatiste, qu'on croit possible d'en repérer l'émergence.

Aussi, après quelques remarques sur la notion d'utopie, on proposera une présentation sommaire de la construction de l'autonomie zapatiste, puis de certains de ses apports plus réflexifs, avant de tenter d'en tirer quelques enseignements pour une approche que l'on espère en partie renouvelée de l'utopie.

Utopie concrète et utopie réelle

Comme l'a montré Reinhart Koselleck, l'affirmation du régime moderne d'historicité, à partir de la fin du XVIIIe siècle, a conduit à une temporalisation de l'utopie[4]. Alors qu'elle était précédemment un non-lieu imaginaire, dressant le tableau d'une société idéale pour mener la critique de celle du temps présent,

---

1. Sur ce rapport à l'histoire, voir J. Baschet, *La Rébellion zapatiste. Insurrection indienne et résistance planétaire*, Paris, Champs-Flammarion, nouvelle édition mise à jour 2019, chap. III, notamment p. 212.

2. Pour la notion de régime d'historicité comme pour celle de présentisme, voir F. Hartog, *Régimes d'historicité. Présentisme et expérience du temps*, Paris, Seuil, 2003, ainsi que mes propositions de reformulation dans J. Baschet, *Défaire la tyrannie du présent. Temporalités émergentes et futurs inédits*, Paris, La Découverte, 2018.

3. Ces approches sont discutées dans J. Baschet, *Défaire la tyrannie*, op. cit., notamment p. 302-306.

4. R. Koselleck, « Die Verzeitlichung der Utopie », *in* W. Voskamp (ed.), *Utopieforschung. Interdisziplinare Studien zur neuzeitlichen Utopie*, Stuttgart, Metzler, 1982, vol. 3, p. 1-14.

elle se projette désormais dans un futur qu'il est possible de faire advenir. Ainsi, les utopies modernes « ne sont pas des non-lieux (...) mais des "topies" à venir »[5]. Ce faisant, elles permettent de briser le caractère inéluctable de l'ordre existant et nourrissent l'espérance d'une émancipation possible. C'est pour penser cette utopie au futur qu'Ernst Bloch a forgé la catégorie du Pas-Encore, dont il a fait une dimension fondamentale de l'existence humaine[6]. L'impulsion utopique est, pour lui, cette ouverture, dans le présent même, à des possibles non accomplis. Elle suppose de saisir la part du Non-Encore-Advenu qui est inscrite dans le présent et sans laquelle le réel lui-même n'est pas compris entièrement. Mais encore faut-il distinguer, comme le souligne E. Bloch, entre le « wishfull thinking », qui ne produit qu'une utopie abstraite sans rapport avec aucun réel possible, et ce qu'il dénomme « utopie concrète », ancrée dans les « propriétés elles-mêmes utopiques, c'est-à-dire chargées de futur, de la réalité » et donnant lieu ainsi à une « espérance fondée, médiatisée avec le possible réel »[7]. Cette distinction est cruciale, puisqu'elle permet de récuser la conception commune et dépréciative de l'utopie comme rêve chimérique et, plus largement, de se démarquer d'une conception sous-déterminée du possible, assimilé à l'ensemble de ce qui est pensable (et désirable), afin de privilégier une approche des possibilités réelles qui doivent être traquées dans les potentialités même de l'existant, dans la critique du présent comme dans les aspirations non advenues mais toujours latentes du passé[8].

On parle volontiers aujourd'hui d'« utopies réelles », mais cette notion est bien différente de celle d'utopie concrète. Ainsi, pour Erik Olin Wright, les utopies réelles désignent des expériences « interstitielles » présentes, qui se fraient un chemin dans les failles de la structure sociale et en dehors des institutions étatiques[9]. Elles peuvent être également qualifiées de « brèches » ou « d'espaces libérés », s'ouvrant au sein même de la domination marchande et s'efforçant d'en desserrer un tant soit peu la pression[10]. En ce sens, l'utopie réelle n'est pas l'utopie concrète d'E. Bloch : elle ne relève plus du Pas-Encore, mais, si l'on peut dire, d'un Déjà-Là, conquis malgré la puissance environnante du monde régi par l'économie. Il en résulte une tension entre présent et futur, qui peut conduire à de fortes divergences dans le camp même de ceux qui récusent l'ordre existant. D'un côté, certains critiqueront l'illusion des alternatives qui prétendent se construire au présent, alors même

5. A. Escudier, « Temporalisation et modernité politique : penser avec Koselleck », *Annales HSS*, 2009, p. 1269-1301 (citation p. 1293).

6. E. Bloch, *Le Principe Espérance*, Paris, Gallimard, 1976, t. 1, p. 174-179. Pour une mise en perspective de son œuvre, voir M. Löwy et R. Sayre, *Révolte et Mélancolie. Le romantisme à contre-courant de la modernité*, Paris, Payot, 1992, p. 257-281, ainsi que M. Abensour, *Utopiques II. L'homme est un animal utopique*, Paris, Sens & Tonka, 2013, notamment p. 230-234.

7. E. Bloch, *Le Principe Espérance, op. cit.*, p. 177-178.

8. Voir L. Jeanpierre, F. Nicodème, P. Saint-Germier (dir.), « Réalité(s) du possible en sciences humaines et sociales », *Tracés* 24, 2013 (notamment leur éditorial « Possibilités réelles », http://traces.revues.org/5614) et H. Guéguen et L. Jeanpierre, *La perspective du possible*, Paris, La Découverte, 2022.

9. E. O. Wright, *Utopies réelles*, Paris, La Découverte, 2017 (et sa discussion dans J. Baschet, « Quels espaces libérés pour sortir du capitalisme ? À propos d'*Utopies réelles* d'Erik Olin Wright », *EcoRev'* 46, 2018, p. 87-96).

10. Pour la notion de « brèche », voir J. Holloway, *Crack Capitalism. 33 thèses contre le capital*, Paris, Libertalia, rééd. poche 2016 et EZLN, *Pistes zapatistes. La pensée critique face à l'hydre capitaliste*, Paris, Solidaires-Nada-Albache, 2017. Pour la notion d'espace libéré, voir J. Baschet, *Adieu au capitalisme. Autonomie, société du bien vivre et multiplicité des mondes*, Paris, La Découverte, réédition poche 2016 et « Autonomie et espaces libérés. À propos de l'expérience zapatiste et des mondes post-capitalistes en gestation (Entretien avec Paula Cossart et Vincent Farnéa) », *Mouvements* 101, 2020, p. 118-130.

que l'implacable domination capitaliste les rend impossibles : l'utopie est alors renvoyée au seul futur. De l'autre, au contraire, toute l'attention est portée à l'action présente, tandis que l'espérance projetée vers le futur est perçue comme une attente paralysante.

Un tel rejet de la dimension future de l'utopie apparaît, par exemple, dans l'œuvre de John Holloway. À la temporalité révolutionnaire classique qui finit par imposer l'attente de la maturation des conditions objectives, il oppose l'ici-et-maintenant du cri, tel le « ¡ Ya Basta ! » zapatiste. À la temporalité future de la Révolution, entendue comme « le Grand Événement qui changera le monde » mais qui est sans cesse reporté, il oppose une révolution qui se pense tout entière au présent, refuse la patience et veut « vivre maintenant »[11]. La prééminence du présent est telle qu'elle conduit à refuser toute anticipation et à récuser tout ce qui pourrait associer l'impulsion révolutionnaire à une dimension future. Pour J. Holloway, la révolution est « un mouvement à partir de, non un mouvement vers » ; elle n'a « aucun objectif défini »[12].

Comme on va le voir, l'autonomie zapatiste peut nous aider à déjouer cette guerre plutôt vaine du présent et du futur. En effet, il s'agit d'une expérience présente qui constitue bien une utopie réelle, une brèche ou un espace libéré, selon l'expression que l'on préfère adopter. Dans le même temps, la parole zapatiste fait une place très importante au futur et à ce que l'on qualifiera d'aspiration anticipante. L'une de ses formules volontiers réitérées est « falta lo que falta » (« il manque ce qu'il manque »[13]), ce qui indique bien que la construction présente de l'autonomie rebelle en assume l'incomplétude et se déploie sous le signe du Pas-Encore. L'expérience zapatiste articule ainsi le Déjà-Là de l'utopie réelle et l'impulsion de l'utopie concrète vers le Non-Encore-Advenu.

L'autonomie zapatiste comme utopie anti-capitaliste et anti-étatique

Tenter de penser l'utopie à partir de l'expérience zapatiste implique d'en décrire, au moins sommairement, les principaux traits, même s'il est impossible ici d'évoquer l'histoire singulière dont elle est le fruit[14]. On se contentera d'évoquer, sans occulter ses difficultés et ses limites, trois dimensions remarquables de la construction de l'autonomie : l'invention d'une politique d'auto-gouvernement populaire qui fait entièrement sécession vis-à-vis des structures constitutionnelles en vigueur au Mexique ; la mise en place d'une auto-organisation de la vie collective soustraite autant que possible à la domination des normes capitalistes ; la défense créatrice de formes de vie centrées sur la communauté. On peut noter que la lutte zapatiste, pour des raisons que l'on évoquera plus loin, se pense elle-même comme rébellion plutôt que comme révolution, tandis que le terme par lequel elle définit le

---

11. J. Holloway, « La revuelta de la dignidad », *Chiapas* (UNAM) 5, 1997, p. 7-40 (citation p. 17) et *Changer le monde sans prendre le pouvoir. Le sens de la révolution aujourd'hui*, Paris-Montréal, Syllepses-Lux, 2007.

12. J. Holloway, « La revuelta de la dignidad », art. cit., p. 13-14.

13. Dans *Rebeldía* (37, novembre 2005, p. 3), il est précisé que cette formule synthétise le « regard zapatiste », conscient que « ce qui demeure à faire, inconclu, est son héritage ».

14. Pour une présentation plus détaillée de l'expérience zapatiste, tant dans sa dimension historique que pour les aspects de l'autonomie évoqués ici, je renvoie à J. Baschet, *La Rébellion zapatiste, op. cit.*, prologue et postface.

plus volontiers ce qui se construit dans les territoires du Chiapas n'est pas celui d'utopie mais d'autonomie (au double sens d'auto-détermination des modes de vie et d'expérimentation de formes politiques non étatiques) ; mais il va de soi que ces choix sémantiques ne diminuent en rien ni la radicalité de la rupture présente avec l'ordre dominant de la globalisation marchande ni la puissance de l'aspiration à un monde entièrement libéré de la tyrannie capitaliste [15].

Amorcée dès décembre 1994 et accentuée avec la création des Conseils de bon gouvernement, en août 2003, l'organisation de l'autonomie dans les territoires rebelles du Chiapas se déploie à trois échelles : la communauté, la commune (regroupant souvent des dizaines de villages) et la zone (permettant la coordination de plusieurs communes et dont la dimension correspond à celle d'un département français) [16]. À chacune de ces échelles, existent des assemblées et des autorités élues pour des mandats de deux ou trois ans (*agente municipal* au niveau de la communauté, conseil municipal autonome, conseil de bon gouvernement pour chaque zone) [17]. Conseils municipaux et conseils de bon gouvernement exercent une justice de médiation afin de résoudre les difficultés et conflits de la vie collective ; ils œuvrent à la coexistence entre zapatistes et non-zapatistes et veillent au bon déploiement des projets de l'autonomie (santé, éducation, production...), avec le souci d'encourager l'égale participation des femmes. L'un des nœuds de cette organisation politique tient à la manière d'articuler le rôle des assemblées – très important, sans que l'on puisse affirmer pour autant que tout se décide horizontalement – et celui des autorités élues, dont il est dit qu'elles « gouvernent en obéissant » (*mandar obedeciendo*). Mais quelles sont les modalités concrètes d'exercice des tâches de gouvernement qui permettent de faire du principe selon lequel « le peuple dirige et le gouvernement obéit » – comme l'indiquent les modestes panneaux plantés à l'entrée des territoires zapatistes – une réalité effective ?

Un premier trait tient à la conception même des mandats. Ils sont conçus comme des « charges » (*cargos*), assumées sans rémunération ni aucun type d'avantage matériel, sur la base d'une éthique effectivement vécue du service rendu à la communauté [18]. C'est ce qu'expriment les sept principes du *mandar obedeciendo* (parmi lesquels « servir et non se servir », « proposer et non imposer », « convaincre et non vaincre »). De plus, les charges sont toujours exercées de manière collégiale, sans grande spécialisation au sein des instances et sous le contrôle d'une part d'une commission chargée de

15. Sur le couple révolution/rébellion, comme sur la notion d'autonomie, déclinée en une double dimension négative (le refus du capitalisme) et affirmative (la construction d'une autre réalité) – avec le choix inattendu du terme « *rebeldía* » pour la première et de « *resistencia* » pour la seconde –, voir J. Baschet, « Entre résistance et révolution : les mots de la rébellion zapatiste », dans C. Giudicelli et G. Havard (dir.), *Les Révoltes indiennes* (*Amériques, XVIe-XXIe siècle*), Paris, Les Indes savantes, 2021, p. 291-316.

16. Au total, l'autonomie zapatiste se déploie dans un territoire dont l'extension est comparable à celle de la Bretagne. Précisons toutefois que zapatistes et non-zapatistes y cohabitent, au sein de deux systèmes politiques radicalement distincts et étanches l'un à l'autre, mais partageant un même territoire.

17. Depuis une nouvelle extension de l'autonomie annoncée en août 2019, il existe 31 « communes autonomes rebelles zapatistes » et 12 conseils de bon gouvernement, siégeant dans des centres régionaux dénommés « *caracoles* » (escargots, en espagnol).

18. Servir en exerçant une charge relève de la réciprocité constitutive de la communauté : c'est donc une manière active de « faire la communauté » ; voir R. Bautista, *La descolonización de la política. Introducción a una política comunitaria*, San Cristobal de Las Casas, Cideci-Unitierra, 2016.

vérifier les comptes des différents conseils et, d'autre part, de l'ensemble des communautés, puisque les mandats, non renouvelables, sont révocables à tout moment, « si les autorités ne font pas bien leur travail ». S'il y a bien un trait qui caractérise l'autonomie zapatiste, c'est qu'elle met en œuvre une dé-spécialisation des tâches politiques [19]. De ce fait, les hommes et les femmes qui exercent un mandat émanent des communautés et en demeurent des membres ordinaires. Ils ou elles ne revendiquent pas d'être élu(e)s en raison de compétences particulières ou de dons personnels hors du commun. Confier des tâches de gouvernement à ceux et celles qui n'ont aucune capacité particulière à les exercer constitue le sol concret à partir duquel le *mandar obedeciendo* peut croître, ainsi qu'une solide défense contre le risque de séparation entre gouvernants et gouvernés.

La manière dont les décisions sont élaborées est également décisive. Ainsi, le conseil de bon gouvernement soumet les principales propositions qu'il élabore à l'assemblée de zone ; si aucun accord clair ne se dégage, il revient aux représentants de toutes les communautés de la zone de mener une consultation dans leurs villages respectifs afin de faire part à l'assemblée suivante soit d'un accord, soit d'un refus, soit d'amendements. Le cas échéant, ces derniers sont discutés et l'assemblée élabore une nouvelle proposition, qui est à nouveau soumise aux communautés. Plusieurs allers et retours entre conseil, assemblée de zone et villages sont parfois nécessaires avant que la proposition soit adoptée. La procédure peut s'avérer lourde mais n'en est pas moins nécessaire : « un projet qui n'est pas analysé et discuté par les communautés est voué à l'échec. Cela nous est arrivé. Maintenant, tous les projets sont discutés » [20].

De manière plus générale, on peut tenir l'autonomie pour l'exact opposé de la politique étatique. Comme l'a résumé la *maestra* zapatiste Eloisa, elle repose sur la découverte que « nous pouvons nous gouverner nous-mêmes » [21]. Elle a donc pour base la reconnaissance d'une capacité et d'une dignité partagées, qui récusent toute suspicion d'incompétence ou d'ignorance, utilisée au sein de la forme-État pour justifier dépossession et mise à l'écart au profit des « experts » de la chose publique. Et elle est lutte permanente pour préserver le caractère *non dissociatif* des formes de délégation et éviter que ceux qui occupent, même temporairement, des charges de gouvernement ne se séparent de l'univers de vie partagé et concentrent la capacité à décider des affaires communes. C'est pourquoi on peut caractériser les conseils de bon gouvernement des territoires autonomes zapatistes comme des *formes non étatiques de gouvernement*.

En second lieu, on soulignera que les zapatistes ont créé, dans des conditions matérielles fort précaires et entièrement à l'écart des structures étatiques, leur propre système de santé et leur propre système éducatif. Combinant médecine occidentale et savoirs traditionnels, le premier inclut

19. Des membres des conseils de bon gouvernement, il est dit que « ce sont des spécialistes en rien, encore moins en politique » ; Sous-commandant Marcos, *Saisons de la digne rage*, Paris, Climats, 2009, p. 183.

20. Explications données durant l'*Escuelita zapatista* (Cideci-Universidad de la Tierra, San Cristobal de Las Casas, août 2013).

21. Explications données durant l'*Escuelita zapatista* (Cideci-Unitierra, août 2013).

cliniques de zone, micro-cliniques communales, ainsi que la présence d'agents de santé dans les communautés. Quant à l'éducation, elle fait l'objet d'une mobilisation collective considérable, qui a permis de construire et d'entretenir écoles primaires et secondaires, d'en élaborer les orientations pédagogiques et les programmes et de former les jeunes qui y enseignent. Dans ces écoles, apprendre fait sens, parce que l'éducation s'enracine dans l'expérience concrète des communautés comme dans le souci partagé de la lutte pour la transformation sociale, donnant corps au « nous » de la dignité indigène autant qu'au « nous » de l'humanité rebelle.

Toutes ces réalisations sont mises en œuvre de manière largement démonétarisée et sans recourir à la forme-salaire. Ainsi, les *promotores de educación* (enseignants) accomplissent leurs tâches sans recevoir de rémunération en argent, comptant sur l'engagement de la communauté de couvrir leurs nécessités matérielles ou de travailler à leur place leur parcelle, pour ceux d'entre eux qui en disposent. En outre, les écoles fonctionnent sans personnel administratif ou d'entretien, ces tâches étant assumées, dans une logique de dé-spécialisation, par les enseignants et les élèves. Quant à la santé, les solutions sont diverses, mais ce sont souvent des « travaux collectifs » qui permettent de subvenir aux besoins de celles et ceux qui prêtent leur service dans les cliniques, comme de couvrir l'achat de matériel et de médicaments. Ainsi, le faire collectif constitutif de l'autonomie est assuré grâce à diverses modalités d'échange, principalement en « travail ».

Ces travaux collectifs – qui peuvent concerner des terres cultivées mais aussi, par exemple, un troupeau communal, un entrepôt régional où se fournissent les boutiques des villages ou un centre éco-touristique – fournissent une bonne part de leurs ressources aux réalisations de l'autonomie. Ils se déploient en grande partie sur les dizaines de milliers d'hectares de terres cultivables récupérées lors du soulèvement de 1994. Comme ne cessent d'y insister les zapatistes, la récupération massive des terres – leur principal moyen de production – est la base matérielle qui rend possible la construction de l'autonomie[22]. S'y ajoute l'effort pour démultiplier la capacité à produire par soi-même, avec l'essor de coopératives dans de nombreux domaines (boulangerie, tissage, cordonnerie, menuiserie, ferronnerie, matériaux de construction, etc.). À l'évidence, s'organiser matériellement en échappant autant qu'il est possible aux catégories capitalistes et aux logiques de marchandisation est une dimension essentielle de l'autonomie.

En troisième lieu, en même temps qu'elle est lutte pour se défaire de l'hétéronomie capitaliste, l'autonomie s'emploie à défendre des formes de vie éprouvées comme propres. Pour les Mayas du Chiapas, comme pour l'ensemble des peuples amérindiens du Mexique et du continent, celles-ci ont pour cœur la communauté, la terre et le territoire. Ne relevant d'aucune essence intemporelle, la communauté est associée, pour les zapatistes, à la fois à une valorisation de la tradition et à une distance critique vis-à-vis de celle-ci – laquelle est promue avec une vivacité particulière par les femmes

■ 22. Sous-commandant Moisés, « Économie politique I. Un regard depuis les communautés zapatistes », dans EZLN, *Pistes zapatistes, op. cit.*

zapatistes qui, dès avant le soulèvement de 1994, ont amorcé leur lutte pour une transformation émancipatrice de la tradition[23]. L'organisation communautaire a ceci de spécifique qu'elle donne à la vie un ancrage collectif assumé, se construisant à partir de la réciprocité. Témoignent de cet ethos spécifique, la pratique de l'assemblée communautaire comme lieu de parole et d'élaboration des décisions, l'ample recours à l'entraide et au travail collectif

> Les rebelles zapatistes s'efforcent de déployer une éthique du bien vivre.

pour de nombreuses tâches relevant des biens communs, les différentes formes de possession collective de la terre, ainsi que l'importance des fêtes et des rituels. Le territoire, avec ses parties habitées et cultivées, mais aussi ses forêts et ses montagnes (considérées comme des réservoirs d'eau essentiels pour l'ensemble des cycles vitaux), est le lieu propre qui donne consistance et singularité à la communauté, et sans lequel elle ne pourrait pas exister. Quant à la terre, c'est le champ que l'on cultive, mais aussi, plus fondamentalement, cette puissance de vie englobante et inappropriable à laquelle on peut donner le nom de Terre-mère : « pour nous, les zapatistes, la terre est la mère, la vie, la mémoire et le repos de nos anciens, la maison de notre culture et de notre manière d'être (…) La terre pour nous n'est pas une marchandise. La terre ne nous appartient pas, c'est nous qui lui appartenons »[24].

Une telle forme de vie apparaît comme une complète anomalie à l'époque du capitalisme néolibéral mondialisé, de sorte que la préserver – pour la transformer par soi-même selon des choix collectivement auto-déterminés – implique une résistance acharnée. Celle-ci suppose à la fois de refuser les réformes néolibérales visant à liquider la propriété sociale de la terre (en l'occurrence, la réforme de l'article 27 de la Constitution, adoptée en 1992), de récuser un modèle d'agriculture productiviste soumise aux logiques de marché (au profit d'une agriculture paysanne revitalisée) et de défendre les territoires contre les grands projets miniers, énergétiques, touristiques ou d'infrastructure qui en supposent la spoliation. Luttant pour échapper aux injonctions productivistes, aux évaluations quantitatives et à la généralisation des manières d'être compétitives qui sont les normes d'un monde dominé par l'économie, les rebelles zapatistes s'efforcent de déployer une éthique du bien vivre qu'ils nomment volontiers *vida digna*, plutôt que *buen vivir*. Une éthique qui privilégie le qualitatif de la vie et non l'accumulation et la quantification, qui pense l'existence individuelle dans sa relation intrinsèque avec sa dimension collective et avec son milieu non humain, et dont l'absence de pression temporelle – à l'opposé des effets du temps mesuré et accéléré du monde moderne – n'est pas le trait le moins perceptible.

Pourtant, malgré les avancées de l'autonomie, les zapatistes se refusent à en faire un modèle et invitent à ne pas l'idéaliser. Ils insistent au contraire sur les

■ 23. Voir notamment G. Rovira, *Femmes de maïs*, Paris, Rue des cascades, 2014 (avec une mise à jour de Mariana Mora).
■ 24. Sous-commandant Marcos, « L'arbre ou la forêt » (juillet 2007), http://cspcl.ouvaton.org/spip.php?article497.

difficultés, les limites et les erreurs dans la construction de l'autonomie[25]. Une grande part de ces difficultés dérive des politiques contre-insurrectionnelles adoptées par les gouvernements mexicains successifs : attaques de l'armée fédérale, développement de groupes paramilitaires, pratiques visant à susciter des conflits au sein des communautés, usage contre-insurrectionnel des programmes sociaux, etc. L'exiguïté des ressources et le manque de moyens matériels constituent une autre limite qui peut, certes, être compensée par une haute intensité de l'effort collectif, mais au prix d'une certaine fragilité. La résistance face à toutes ces difficultés est menée avec une grande ténacité par les femmes et les hommes zapatistes, soutenus en cela par le puissant sentiment de liberté que permet d'éprouver le fait de construire par soi-même le monde dans lequel on désire vivre. Mais l'effort est si intense que la fatigue l'emporte parfois, surtout lorsque s'ajoutent des difficultés personnelles ou familiales, ce qui peut conduire certains à renoncer à la lutte.

Il faut faire place aussi aux difficultés et aux erreurs dans le fonctionnement même de l'autonomie. Il est ainsi reconnu que des décisions insuffisamment débattues et parfois franchement incorrectes ont pu être prises, ce qui suggère la reproduction d'une séparation entre ceux qui assument des charges de gouvernement et les autres membres des communautés. Une autre difficulté tient à la relation entre les instances civiles de l'autonomie et la structure politico-militaire de l'EZLN. Les premières sont réputées indépendantes de la seconde, dont les membres ne peuvent exercer de charges dans les conseils communaux et les conseils de bon gouvernement. Pourtant, les premiers bilans du fonctionnement de ces conseils, notamment en 2004, ont fait état d'interventions abusives des commandants, membres de l'instance collective de direction de l'EZLN, au point d'entraver l'exercice du *mandar obedeciendo*. En outre, il est reconnu, notamment dans la Sixième Déclaration de la Forêt Lacandone que « la partie politico-militaire de l'EZLN n'est pas démocratique, puisque c'est une armée ». Il faut donc comprendre que la construction de l'autonomie zapatiste a impliqué une articulation entre une structure verticale et une forme d'organisation plus horizontale. Les avancées de l'autonomie peuvent être vues alors comme un changement d'équilibre entre ces deux dimensions, au bénéfice de la seconde ; mais il est clair que le processus n'est pas achevé. Faire en sorte que se généralise la capacité à proposer et à décider de manière réellement collective et sans aucune forme d'imposition reste un défi de la construction, toujours en procès, de l'autonomie.

De fait, pour les zapatistes, la construction de l'autonomie « n'a pas de fin »[26]. Une telle affirmation est d'une grande portée, notamment au regard de la question de l'utopie. Elle témoigne d'une salutaire conscience de l'incomplétude de l'expérience en cours. Mais elle suggère aussi que la construction d'une forme d'organisation auto-déterminée ne pourra jamais être considérée comme achevée. Ce qu'un tel geste écarte, ce n'est rien moins que la prétention à créer une utopie au sens normatif du terme – autrement dit, une société idéale qui pourrait, un jour, proclamer avoir trouvé sa forme

25. Pour une analyse plus complète de ces limites et difficultés, voir J. Baschet, *Rébellion zapatiste*, *op. cit.*, p. 364-371.
26. Explications données durant l'*Escuelita zapatista* (Cideci-Unitierra, août 2013).

pleinement réalisée. Malgré les plus grandes avancées dont il pourrait se prévaloir, le désir utopique de créer un monde délivré de toute forme de domination et d'oppression est voué à demeurer sans repos ni terme. Croire qu'il pourrait prétendre avoir définitivement atteint son but idéal signifierait, selon toute vraisemblance, la perte de sa vitalité même et, à terme, sa mort. La construction de l'autonomie collective ne peut donc se concevoir que comme une lutte sans fin contre tous les périls qui la menacent. C'est pourquoi la conscience inquiète de la fragilité de l'autonomie – autrement dit, de l'utopie – paraît être l'une des conditions de sa vitalité.

Multiplicité des mondes et cheminements incertains

Si les zapatistes consacrent une part considérable de leurs efforts à la construction de formes de vie non capitalistes dans les territoires rebelles du Chiapas, il est clair pour eux que cette expérience territorialisée, pour décisive qu'elle soit, ne saurait suffire[27]. L'autonomie, telle qu'ils la conçoivent ne concerne pas seulement le Chiapas, ni les seuls peuples indigènes. Elle dessine une option politique émancipatrice qui peut se déployer partout, quoique sous des formes différenciées, pensées à partir de la singularité des territoires et des traditions. Ainsi, si l'autonomie se construit localement, elle ne suppose aucun enfermement localiste ni aucune revendication identitaire exclusive. Au contraire, les zapatistes ont toujours cherché à articuler trois échelles spatiales : celle de l'autonomie, ancrée dans les territoires concrets où se tisse la vie collective ; celle des multiples actions d'ampleur nationale qu'ils ont lancées, depuis le soulèvement de 1994 jusqu'aux récentes initiatives du Congrès National Indigène, en passant par l'Autre Campagne, en 2006 ; celle, enfin, des efforts pour créer des réseaux planétaires de résistance et de rébellion. Ainsi, la Rencontre Intercontinentale pour l'Humanité et contre le Néolibéralisme, organisée au Chiapas en juillet-août 1996, a souvent été considérée comme un antécédent et une source d'inspiration pour les mouvements altermondialistes. Depuis, les zapatistes n'ont cessé d'organiser d'autres rencontres, comme le Festival mondial de la digne rage, en décembre 2008-janvier 2009 ou la Rencontre internationale des femmes qui luttent, en mars 2018, tandis qu'en 2021, ils ont entrepris un « Voyage pour la vie » sur les cinq continents, en commençant par l'Europe. Pour eux, une telle échelle internationale est indispensable pour combattre « l'hydre capitaliste » qui plonge l'ensemble de la planète Terre dans une tourmente sans cesse plus dévastatrice pour l'ensemble du vivant[28].

Pour autant, ce souci planétaire ne reproduit pas la conception d'un universalisme abstrait et homogénéisateur. Ici, l'horizon post-capitaliste, qui est la raison d'être de la lutte présente, ne saurait se concevoir sous l'espèce d'une réalisation de l'Universel – un Universel qui n'a jamais été que l'universel particulier de l'Occident, autrement dit un « universalisme

---

27. Ils récusent ainsi le piège d'un enfermement localiste des expériences territorialisées. Sur cette question, voir J. Baschet, *Basculements. Mondes émergents, possibles désirables*, Paris, La Découverte, 2021, p. 135-139 et chap. V.

28. EZLN, *Pistes zapatistes, op. cit.*

européen »[29]. L'invitation zapatiste à construire « un monde où il y ait place pour de nombreux mondes » suggère une approche toute différente[30]. Bien davantage qu'un simple éloge de la diversité, cet énoncé doit être tenu pour une affirmation radicale de la multiplicité. Ce que la proposition zapatiste oppose aux logiques globalisatrices de l'économie, porteuses à la fois d'homogénéisation et de fragmentation, de généralisation de l'équivalence abstraite de la valeur et de destruction des nombreuses formes de vie qui ne s'y soumettent pas, est une politique de l'autonomie qui, se construisant à partir d'expériences ancrées dans l'habiter des lieux singuliers, est nécessairement une politique de la multiplicité. Mais l'énoncé zapatiste ne se contente pas d'en appeler à une multiplicité des mondes ; il articule celle-ci à la reconnaissance du « un monde » qui les rend tous possibles et instaure entre eux du commun. Ce « un monde », c'est d'abord l'unicité d'une demeure partagée, la planète Terre, dont l'habitabilité est la condition des multiples mondes possibles. Mais il désigne aussi l'horizon, bien apte à récuser l'enfermement localiste et l'absolutisation des identités, d'un commun à construire à travers l'hétérogénéité des expériences, par la coopération, la rencontre des géographies et l'interpénétration des mémoires. Il y a, dans l'expérience et la parole zapatistes, matière à prolonger la critique de l'universalisme à la fois abstrait et particulier de l'Occident, ainsi que de fortes suggestions pour engager l'élaboration d'un nouvel universalisme que sa double dimension – la quête du commun *dans* les différences – invite à qualifier de *pluniversalisme* (en une jonction des préfixes pluri- et uni-) plutôt que de pluriversalisme. Mais on peut juger plus judicieux encore, en un moment qui exige à la fois de récuser toute indifférence aux différences et de résister au renforcement des identités essentialisées et excluantes, de le caractériser comme *universalisme des multiplicités*.

En insistant sur la multiplicité des mondes à venir, l'expérience zapatiste suggère de renoncer à l'idée qu'il pourrait y avoir une manière unique de sortir du capitalisme : l'utopie ne saurait être Une. Si l'hypothèse post-capitaliste peut avoir quelque pertinence, une telle ouverture du possible ne saurait être ramenée à l'Un. Au contraire, la façon de concevoir l'utopie qui émerge des suggestions zapatistes est une ouverture *des* possibles, entendue comme déploiement de la multiplicité des formes de vie que les communautés d'habitants de la Terre sont à même de faire prospérer. Encore faut-il prendre conscience qu'il ne s'agit pas ici de petites différences, mais de manières d'être et d'agir radicalement distinctes. Cela inclut des choix qui peuvent être fort divers quant à la façon dont chaque collectif conçoit ce qu'est pour lui une vie bonne et digne. Et cela inclut aussi une multiplicité d'ontologies possibles, par-delà le grand partage entre Nature et Culture, constitutif de la modernité. Si l'hypothèse post-capitaliste paraît étroitement nouée à celle d'un post-naturalisme qui, de fait, se constitue déjà en force critique au sein du présent anthropocénique, cela invite à explorer la voie d'une réintégration de l'humain au sein du monde vivant et à déployer une cosmo-politique plus qu'humaine. Mais les manières de concevoir cette appartenance de l'humanité

29. I. Wallerstein, *L'Universalisme européen. De la colonisation au droit d'ingérence*, Paris, Démopolis, 2008.
30. J. Baschet, *La Rébellion zapatiste, op. cit.*, chap. IV, ainsi que *Basculements, op. cit.*, chap. IV, pour la proposition d'un universalisme des multiplicités.

à plus vaste qu'elles peuvent être très diverses, dès lors que l'on admet la nécessité de laisser prospérer une multiplicité d'options cosmo-ontologiques [31].

On peut maintenant en revenir au rapport au temps historique. Se définissant elle-même comme une rébellion de la mémoire, l'expérience zapatiste est riche de suggestions pointant l'émergence possible de régimes d'historicité inédits. On partira d'une expression simple et concrète, comme l'est souvent la parole zapatiste. Elle invite à « cheminer en posant des questions » (*caminar preguntando*) [32]. Cela implique qu'il n'existe aucun chemin tracé par avance et qu'aucune certitude ne guide le trajet qui le fait naître, de sorte que c'est dans la processualité même du cheminement, au fil des doutes et des interrogations qui l'accompagnent, que le chemin apparaît. Un tel énoncé participe de la critique que les zapatistes ont menée de leur propre tradition révolutionnaire, marxiste-léniniste et guévariste [33]. Visant ce que l'on peut qualifier de modèle classique de la Révolution, centré sur la conquête du pouvoir d'État (raison pour laquelle ils préfèrent se qualifier de rebelles plutôt que de révolutionnaires, sans que cela diminue en rien la radicalité avec laquelle ils bravent l'ordre présent du monde capitaliste), ils s'en sont pris tout particulièrement à l'idée d'une avant-garde supposément éclairée par les certitudes de la science de l'Histoire et prétendant, de ce fait, guider les masses vers une Terre Promise connue par avance.

Plus largement, c'est toute une conception du rapport à l'histoire et au futur qui est impliquée par le *caminar preguntando*. Il s'agit en effet de récuser toute certitude relative au chemin que l'on trace pour rompre la domination présente et s'avancer vers un futur émancipé. Pour autant, le *caminar preguntando*, comme manière de concevoir la lutte collective, n'est pas une errance ou une promenade laissant libre cours à l'inspiration de chaque instant. Il ne réinvente pas le monde à chaque pas et il sait déjà quels chemins il refuse d'emprunter, parce qu'ils sont ceux des oppressions et de la dévastation du vivant. Ainsi, le cheminement est animé par le rejet du présent capitaliste dont on cherche à s'extraire et par l'aspiration à d'autres mondes possibles – une double intention sans laquelle on ne se mettrait pas en chemin. De fait, l'image du chemin est omniprésente dans la parole zapatiste. L'un des interlocuteurs privilégiés des narrations du sous-commandant Marcos, le vieil Antonio, explique qu'il faut « regarder vers l'arrière », vers le chemin qui, n'ayant mené nulle part, n'a cependant pas été fait en vain : « Il a servi parce qu'ainsi nous avons su qu'il n'a servi à rien [...] et nous pouvons en faire un autre pour qu'il nous conduise où nous voulons » [34]. Même s'il n'est pas défini par avance, le chemin implique un vouloir-faire, un désir de ce qui n'est pas encore, que l'on peut qualifier d'aspiration anticipante et qui nous ramène à l'impulsion utopique chère à E. Bloch.

On peut ici suggérer une convergence entre la démarche zapatiste et la conceptualisation blochienne, tout en précisant, comme on va le voir, que la première permet d'actualiser la réflexion sur l'utopie, dans un contexte où celle-ci doit affronter non seulement l'héritage toujours pesant d'un régime

31. Voir P. Descola, *Par-delà nature et culture*, Paris, Gallimard, 2008.
32. J. Baschet, *La Rébellion zapatiste, op. cit.*, p. 237-239.
33. *Ibid.*, chap. I.
34. *Ibid.*, p. 213-215.

moderne d'historicité qui a dévoyé l'utopie, mais aussi la domination d'un présentisme résolument anti-utopique. Ainsi, toute la difficulté consiste ici à faire place à l'aspiration anticipante, tout en se démarquant autant qu'il est possible de la version moderniste de l'anticipation, qui a largement modelé les aspirations révolutionnaires du XXe siècle. Celle-ci prétend énoncer par avance ce qui doit advenir. Elle est programmatique et planificatrice. De fait, le futur moderne est pour une large part déjà pensé et déjà connu. Certes, il rompt sans cesse davantage avec le passé et le présent, mais il le fait en perpétuant la dynamique annoncée du Progrès. Une aspiration anticipante non planificatrice serait, au contraire, un élan assumé vers ce qui n'est pas encore, mais en renonçant à toute certitude préalable et en refusant de se laisser circonscrire par son intention initiale. Par sa processualité assumée, l'anticipation non planificatrice se rend disponible aux potentialités imprévues des situations qui se nouent en chemin – celles du moins qui sont riches de nouveaux déploiements de l'auto-détermination collective, du commun et de l'épanouissement du bien vivre pour toutes et tous. Elle est le gage du primat d'une logique du concret et d'une ouverture accrue des futurs potentiels. Au total, alors que le futur moderne, expression d'un temps homogène et abstrait, était comme déjà donné, inscrit dans le cours annoncé de l'Histoire, le futur qui s'invente en cheminant est incertain et voué à être démenti dans le processus de sa propre réalisation. Ce faisant, il est en mesure de déjouer « le paradoxe de l'anticipation » qui, dans sa version moderne, neutralisait l'ouverture du futur en l'enfermant dans une forme prédéfinie[35].

Un autre aspect du futur zapatiste tient aux liens qui l'unissent au passé. La parole zapatiste trace avec insistance la figure d'un pont entre passé et futur, invitant à porter « le regard vers l'arrière pour pouvoir cheminer vers l'avant », dès lors que « dans le passé, nous pouvons trouver des chemins pour le futur »[36]. Cette valorisation du passé est étroitement liée à la revendication des formes de vie communautaires qui constituent le cœur de la tradition indienne. Mais, dans le même temps, les zapatistes récusent le piège qui enfermerait les Indiens dans une identité-au-passé et, pour cela, ils revendiquent leur capacité à se projeter dans le futur. En outre, l'insistance sur la jonction entre passé et futur repose aussi sur l'identification du présent perpétuel comme trait de la domination néolibérale : c'est précisément pour faire face à cette configuration que le soulèvement zapatiste a pu se définir comme « une rébellion qui défie le désenchantement présent en posant un pied dans le passé et l'autre dans le futur »[37].

Cette figure singulière n'est pas entièrement inédite et, de fait, elle peut être rapprochée de ce filon que Michael Löwy et Robert Sayre ont qualifié de romantisme révolutionnaire – lequel opère « non un *retour* au passé mais un *détour* par le passé », pour mieux se projeter vers l'avenir[38]. Les œuvres de Walter Benjamin ou d'E. Bloch en sont des expressions particulièrement

35. Ce paradoxe a été pointé par Jacques Derrida (dans J. Derrida et B. Stiegler, *Échographies de la télévision*, Paris, Galilée, 1996, p. 19) ; mais on peut mieux percevoir désormais qu'il était en réalité spécifique de la forme moderne de l'anticipation.

36. Cité dans J. Baschet, *Défaire la tyrannie, op. cit.*, p. 27-28.

37. *Ibid.*, p. 30.

38. M. Löwy et R. Sayre, *Révolte et Mélancolie, op. cit.*, p. 302.

remarquables [39]. Il paraît donc tout à fait pertinent de tracer une constellation unissant l'expérience zapatiste à la réflexion de Bloch et Benjamin [40]. Mais encore faut-il relever que la réflexion zapatiste enrichit ces figures et les réactualise, car la démarche d'E. Bloch, comme celle de W. Benjamin, s'affrontait pour l'essentiel au régime moderne d'historicité, alors que la perspective zapatiste ajoute à cette dimension une critique du régime présentiste, comme aussi de la tradition ancrée dans les communautés indiennes (laquelle doit être transformée dans un sens émancipateur). Il convient surtout de souligner que ces différentes tentatives sont séparées par le passage d'un régime d'historicité à un autre, ce qui modifie drastiquement la situation que la critique se doit d'affronter. La configuration à laquelle l'expérience zapatiste doit répondre s'avérant plus complexe, les propositions qu'elle esquisse comportent une dimension en partie inédite et dotée d'une puissance de suggestion toute singulière, en cela qu'elles doivent œuvrer à dépasser conjointement trois régimes d'historicité préexistants.

Utopie et régime d'historicité inédit

Esquisser une conception renouvelée de l'utopie implique assurément de repenser ce qui peut rendre désirables d'autres mondes possibles. Mais cela suppose aussi, et peut-être d'abord, d'associer l'aspiration utopique à l'émergence de régimes d'historicité inédits. De fait, s'il est indispensable de rompre l'enfermement présentiste, qui occulte tout horizon utopique pour ne tolérer que des futurs étriqués ou écrasés par la dystopie climatique et écocidaire du productivisme capitaliste, il ne saurait s'agir de restaurer le futur du régime moderne d'historicité. Si l'on veut éviter à la fois l'enfermement présentiste et le retour au futur de la modernité, sans se rallier non plus à l'hypothèse d'une insurrection qui en appelle au pur présent, il faut donc se mettre en quête de modalités inédites du futur.

Il convient, en tout premier lieu, d'admettre que le nœud de l'espérance et de la certitude, qui faisait la puissance d'entraînement de la forme moderne du projet d'émancipation, est définitivement rompu. Aucune garantie des lendemains radieux ne saurait soutenir l'aspiration utopique, qui doit donc croître dans cette fragilité assumée qui est sans doute la condition même de sa vitalité créatrice. Il faut renoncer à prétendre que le futur est connu d'avance, précisément pour qu'il redevienne pensable comme futur. Pour qu'il puisse nourrir le désir présent, il doit cesser de jouer d'une illusoire confusion avec les supposées certitudes de la prévision. La difficulté consiste ici à faire émerger une modalité de l'anticipation qui ne prenne pas la forme de la planification, si caractéristique du rapport moderne au futur. C'est seulement ainsi que pourrait être écarté le risque que Miguel Abensour associe à la temporalisation de l'utopie, à savoir que celle-ci, en se confondant

---

39. « Les barrières dressées entre l'avenir et le passé s'effondrent ainsi d'elles-mêmes, de l'avenir non devenu devient visible dans le passé, tandis que du passé vengé et recueilli comme un héritage, du passé médiatisé et mené à bien devient visible dans l'avenir », E. Bloch, *Le Principe Espérance, op. cit.*, p. 16.

40. Voir S. Tischler, *Tiempo y Emancipación. Mijail Bajtin y Walter Benjamin en la Selva Lacandona*, Ciudad Guatemala, F&G, 2008, ainsi que mes commentaires dans *Défaire la tyrannie, op. cit.*, p. 199-205.

avec la prévision, perde son ouverture nécessaire à l'altérité[41]. C'est à ce prix que le Pas-Encore peut éviter de s'enfermer dans les limites d'un Déjà-Su.

On dira que le futur du régime moderne d'historicité, indexé sur la trajectoire prédéfinie de l'Histoire Universelle et garanti par la science des avant-gardes et des planificateurs, était plus mobilisateur. C'est indéniable. Le futur qui se dessine ici est infiniment plus incertain ; et on peut redouter que sa capacité d'entraînement soit insuffisante, à l'heure où il y a urgence à tirer le frein d'urgence pour interrompre la course folle du train de la modernisation vers la destruction de l'habitabilité de la planète Terre[42]. Mais ce futur a cependant un avantage sur celui de la modernité. Expression d'un temps homogène et abstrait, ce dernier était comme déjà donné, inscrit dans le cours annoncé de l'Histoire. Le futur indécis dont il est question ici n'est gravé dans nulle nécessité historique. Possibilité incertaine à inventer en cheminant, il est peut-être ainsi plus pleinement futur que le futur de la modernité, radieux en apparence, mais enfermé dans le piètre schéma d'une histoire linéaire à la destinée inéluctable.

Déjouer la forme planificatrice de l'anticipation implique aussi de faire prévaloir la processualité de la construction collective, comme y invite le « *caminar preguntando* » zapatiste, mais sans pour autant récuser l'aspiration anticipante dont procède la détermination à se mettre en chemin. De fait, l'impulsion utopique peut être perçue comme une formidable source d'énergie pour l'agir collectif, qu'il est souhaitable d'alimenter en enrichissant les imaginaires alternatifs des possibles post-capitalistes ; mais elle ne saurait se transformer en une utopie normative livrant le plan préétabli de la société à venir, dont certains pourraient se prévaloir pour s'ériger en guides éclairés. Le primat de la processualité exige que ce qui advient en chemin ne soit nullement contraint par ce qui a pu être pensé par avance – étant entendu que tous les chemins ne sont pas bons à prendre, à commencer par ceux qui reconduisent vers l'oppression et la destruction du vivant, mais en comprenant par là que les voies qui permettent d'enrichir les mondes du commun et de l'auto-détermination collective sont multiples et ne peuvent résulter que du processus même de leur élaboration. C'est seulement ainsi que l'aspiration au Pas-Encore peut demeurer une source vive d'énergie, sans se transformer en un Déjà-Su pétrifié qui viendrait entraver l'invention collective des mondes à faire.

En outre, l'utopie, telle qu'on s'efforce de la concevoir ici, ne postule aucune fin idéale ni nulle perfection (le trajet est, du reste, sans nul terme assignable). Pas de Paix Universelle, ni nulle autre réalisation de l'Un. Pas de Terre promise, ni de Paradis retrouvé. La construction de formes de vie bonnes pour toutes et tous – autrement dit, dignes et libres – ne peut que cheminer au milieu des difficultés, des dissensus et des possibles conflits qui

---

41. « L'assignation de l'utopie au futur, loin d'être une avancée, peut dans certaines conditions s'avérer être un recul au point de faire dégénérer l'utopie en prévision ou, pis, en prospective, faute d'avoir su garder les yeux fixés sur la boussole de l'altérité » (M. Abensour, « Utopie : futur et/ou altérité ? », dans M. Abensour, *Utopiques II*, op. cit., p. 243).

42. Sur l'image de la révolution comme frein d'urgence, avancée par Walter Benjamin dans les notes préparatoires des *Thèses sur le concept d'histoire*, voir les commentaires de M. Löwy, *La révolution est le frein d'urgence. Essais sur Walter Benjamin*, Paris, L'Éclat, 2019.

résultent de leur multiplicité assumée. Elle ne peut se concevoir que comme une lutte sans fin contre tout ce qui pourrait lui porter atteinte[43]. En ce sens, il faut reconnaître qu'elle se distingue en partie de l'aspiration utopique telle que E. Bloch l'avait pensée : avec le Pas-Encore, celle-ci trouve sa source dans l'inachèvement présent de l'être, mais elle est aussi tension vers un accomplissement promis dans le futur[44]. Malgré la veine romantique qui le pousse à chercher le visage de l'avenir dans le passé, E. Bloch demeure marqué par l'invocation d'un sens de l'Histoire orientant le désir utopique vers une pleine réalisation entendue comme « identité de l'homme rendu à lui-même », ou encore comme « avènement définitif du Tout souverainement comblant »[45]. L'abandon complet du régime moderne d'historicité et de ce finalisme de l'Un réalisé oblige à tenter de pousser plus loin la reformulation de l'utopie, en assumant pleinement l'impossibilité de son achèvement. Il s'agirait ici de tirer toutes les conséquences du fait que l'incomplétude du Pas-Encore est le lot indépassable de l'utopie.

On peut alors démentir l'incompatibilité supposée entre aspiration anticipante et adhésion à l'expérience présente. En réalité, récuser le futur utopique au motif qu'il détourne de l'action présente ou l'enferme dans un carcan préétabli vise la forme spécifiquement moderne de l'anticipation. Mais dès lors qu'on parvient à arracher l'anticipation à sa modalité planificatrice, présent et futur n'ont plus à être affirmés l'un contre l'autre. La conception de l'anticipation que l'on suggère ici permet de combiner l'énergie d'un élan-vers avec le primat de la processualité qui préserve la pleine disponibilité aux situations vécues et à leur ouverture. Loin d'une figure de l'espoir faisant le lit de l'attentisme et asséchant le maintenant de l'expérience, il y a place pour une impulsion utopique imbriquée à l'intensification du vivre et de l'agir présents. Dès lors que le Pas-Encore est préservé de la pétrification du Déjà-Su, il devient possible d'articuler le Déjà-Là des expériences présentes et le Pas-Encore de l'aspiration utopique. La guerre du présent et du futur n'est donc pas de mise. Au lieu de s'opposer, ce qui peut être fait dès à présent et ce qu'il convient d'anticiper comme avenir possible sont appelés au contraire à se renforcer mutuellement.

Au total, on aura tenté de frayer une voie qui ne soit ni celle de la détemporalisation présente de l'utopie ni celle de sa temporalisation moderniste. Cela suppose d'articuler l'utopie à des modalités de futur inédites, au sein de régimes d'historicité émergents. Les futurs découplés de toute certitude et de toute fin idéale que l'on traque ici sont assurément fragiles, mais ils n'en n'offrent pas moins à l'aspiration anticipante la possibilité, peut-être même plus chargée de potentialités créatrices, d'un Pas-Encore désirable. C'est alors que l'on peut commencer à reformuler l'utopie dans son objet même. Elle ne

---

43. On pourrait envisager un rapprochement entre l'affirmation zapatiste selon laquelle la construction de « l'autonomie n'a pas de fin » et l'insistance sur l'impossibilité d'une forme achevée de l'organisation sociale chez Cornelius Castoriadis (C. Castoriadis, *L'institution imaginaire de la société*, Paris, Seuil, 1999, réédition poche, p. 164-170).

44. M. Abensour, *Utopiques II, op. cit.*, p. 230-232.

45. E. Bloch, *Le Principe Espérance, op. cit.*, p. 376-378. Sur les ambivalences de son œuvre, voir le chapitre déjà cité de M. Löwy et R. Sayre.

saurait être seulement humaine, mais *terrestre*, avec pour première exigence la sauvegarde de l'habitabilité de la planète, pour l'ensemble des vivants humains et non humains. Renonçant à tout idéal de réalisation de l'Un, elle ne peut se concevoir que comme déploiement sans fin de la multiplicité des mondes susceptibles d'habiter ensemble le monde. Enfin, elle a pour souci l'efflorescence de modes d'existence auto-déterminés en même temps que soucieux des interdépendances qui les rendent possibles – des formes de vie bonnes pour toutes et tous, fondées sur le faire-commun, ce qui exige *a minima* l'élimination de tout type de rapport social de domination[46].

Peut-être pourrions-nous ainsi à la fois mieux saisir la portée que revêt la multiplication présente des « utopies réelles » et déjouer la double fatalité anti-utopique de l'enfermement présentiste et de la dévastation planétaire, afin de commencer à faire mentir le mot au demeurant si percutant de Fredric Jameson, selon lequel il est aujourd'hui « plus facile d'imaginer la fin du monde que la fin du capitalisme »[47].

Jérôme Baschet,
Historien, professeur à l'Universidad Autónoma de Chiapas,
San Cristóbal de Las Casas, Mexique

---

46. Pour l'articulation entre existence communale et communauté planétaire, voir J. Baschet, *Basculements*, *op. cit.*, p. 219-228.
47. F. Jameson, « Future City », *New Left Review* 21, mai-juin 2003, p. 76.

DOSSIER

Lieux de l'utopie

MESSIANISME ET DYSTOPIE
Anders dans la perspective de Mannheim et de Tillich

Christophe David

C'est en présence de Karl Mannheim et Paul Tillich, entre autres, que Günther Anders a présenté son anthropologie philosophique de l'homme utopique à la fin des années 1920. De ces auteurs, il a tiré une conception chiliastique ou millénariste de l'utopie impliquant un certain rapport à l'Histoire et à la politique. Celle-ci est morte en lui après s'être inversée dans la réalité pendant la Seconde Guerre mondiale. Replacer Anders dans ce contexte permet de montrer d'où proviennent certains schémas religieux que l'on retrouve sécularisés dans son œuvre et de donner un sens au tour « religieux » que prend parfois sa pensée.

En 1938, impatient de voir publier son roman *La Catacombe de Molussie*, dont il a terminé la première version, Günther Anders en écrit lui-même à l'avance un faux compte rendu qui présente la Molussie comme un « pays utopique »[1]. Anders n'a pas inventé que la Molussie, il a aussi inventé la Topilie ou l'Hesternie[2]. Plus tard, en référence aux œuvres où il raconte ces pays, il dira : « J'ai écrit des récits utopiques [*utopisches Erzählungen*] » (ESJ, 34). Mais

---

1. G. Anders, *La Catacombe de Molussie*, trad. fr. A. Ellenberger, P. Wilhelm et Chr. David, Paris, L'Échappée, 2021, p. 494. Les références aux œuvres de Günther Anders les plus citées seront données désormais dans le corps de l'article selon les abréviations suivantes : CM : *La Catacombe de Molussie*, trad. fr. A. Ellenberger, P. Wilhelm et Chr. David, Paris, L'Échappée, 2021 ; Cor : Arendt-Anders, Correspondance 1939-1975, trad. fr. Chr. David et A. Ellenberger, Paris, Fario, 2019 ; ESJ : *Et si je suis désespéré, que voulez-vous que j'y fasse ?*, trad. fr. Chr. David, Paris, Allia, 2001 ; HsM : *L'Homme sans monde*, trad. fr. Chr. David, Paris, Fario, 2015 ; MJ : *Ma Judéité*, trad. fr. Chr. David et A. Ellenberger, Paris, Fario, 2016 ; MN : *La Menace nucléaire*, trad. fr. Chr. David, Paris, Le Serpent à plumes, 1981 ; NFE : *Nous fils d'Eichmann*, trad. fr. S. Cornille et Ph. Ivernel, Paris, Rivages, 1999 ; OH1 : *L'Obsolescence de l'homme*, t. 1, trad. fr. Chr. David, Paris, Éditions de l'Encyclopédie des nuisances-Ivrea, 2002 ; OH2 : *L'Obsolescence de l'homme*, t. 2, trad. fr. Chr. David, Paris, Fario, 2011 ; PL : « Pathologie de la liberté », *Recherches philosophiques* 6, trad. fr. P.-A. Stéphanopoli, 1936-1937 ; WdM : *Die Weltfremdheit des Menschen. Schriften zur philosophischen Anthropologie*, Munich, Munich Beck, 2018.

2. La Topilie est le pays dans lequel se déroule *Learsi* (MJ, p. 35-134) ; les références à la Molussie, qui pullulent dans l'œuvre d'Anders, ont toutes leur source dans CM. Hesternie est une ville dans laquelle se déroule une autre « cynique "swiftiade" » (HsM, p. 32). Cette dernière, intitulée *Hesternien*, dort aux Archives Anders sous la cote LIT 237/W102. Sur le statut de ces pays imaginaires, je me permets de renvoyer à A. Ellenberger, P. Wilhelm et C. David, « Le Mensonge politique comme vérité de la Molussie », dans CM.

ces pays imaginaires sont loin d'être des utopies au sens utopiste du terme, au sens anthropologique qu'Anders a donné à l'utopie autour de 1930. Ces récits, ce sont des fables que ce « conteur » (*Erzähler*) lance dans le monde au moment où, comme dit Benjamin dans « Expérience et pauvreté », « le cours de l'expérience [y compris celui de l'expérience politique] a chuté » et où transmettre est devenu difficile[3]. « Se débrouiller avec peu » – pour reprendre le mot d'ordre de Benjamin –, c'est aussi faire avec les fables[4]. Mais, les fables de ce « nouveau barbare » qu'est Anders ne sont pas traversées, comme a pu l'être une certaine poésie allemande, par l'esprit de l'utopie, elles accompagnent de loin la dévastation de l'utopie, elles sont une sagesse antifasciste qui prétend accompagner les Allemands dans une opposition au nazisme qui prendrait la forme d'une révolution. L'idée que, face au pire (la menace nazie ou la menace nucléaire), il faut réagir en changeant le monde ; l'idée que, pour conserver le monde, il faut commencer par le changer – est une constante de la politique andersienne. Dans le silence des couloirs obscurs de la prison d'État de Molussie résonnent les bruits de bottes et de portes auxquels on reconnaît les dystopies. Learsi vit un enfer en Topilie. Quant à l'Hesternie, elle est en proie aux contradictions du « pluralisme culturel »[5]…

Ayant déjà écrit ailleurs sur le concept anthropologique d'utopie proposé par Anders[6] et ressentant aujourd'hui le besoin de compléter ces propos par des remarques sur son rapport à la religion et à l'Histoire, je vais revenir ici sur « Anders et l'utopie » sous un tout autre angle et partir, pour ce faire, de « *Die Weltfremdheit des Menschen* » (L'Homme étranger au monde), la fameuse conférence qu'Anders a faite à Francfort en février 1930. Dans cette conférence, il expose les grandes lignes de son anthropologie philosophique devant un public composé, entre autres, de Karl Mannheim et de Paul Tillich (mais aussi de Hannah Arendt, Theodor W. Adorno et de Max Horkheimer)[7]. Je voudrais ici privilégier ces deux premiers noms, Mannheim (dont Anders a rendu compte de l'important livre *Idéologie et utopie*) et Tillich (qu'Anders a choisi comme garant d'habilitation). Après avoir rappelé le sens anthropologique qu'Anders donne à l'utopie dans son anthropologie utopiste de la fin des années 1920, je vais présenter rapidement la réflexion mannheimienne sur le chiliasme puis la conception tillichienne du royaume afin de reconstruire le paysage philosophico-théologique dans lequel Anders aborde la question de l'utopie à travers l'utopie millénariste et la traite à partir de la crise que l'Histoire fait traverser au millénarisme à partir des années 1930. Je mettrai ensuite Anders dans la perspective de Mannheim et Tillich pour souligner ce que doit à ses auteurs sa réflexion sur l'utopie millénariste telle qu'elle se développe après-guerre. Replacer Anders dans ce contexte va me permettre de montrer d'où proviennent certains schémas religieux que l'on retrouve sécularisés dans son œuvre et de donner un sens au tour « religieux » que prend parfois sa pensée.

▪ 3. W. Benjamin, « Expérience et pauvreté », dans *Œuvres*, II, Gallimard, 2000, p. 365.
▪ 4. *Ibid.*, p. 367.
▪ 5. Sur ce concept de « pluralisme culturel » ou « polycosmisme », voir HsM, p. 19 *sq.*
▪ 6. Chr. David, « De l'homme utopique à l'utopie négative », *Mouvements* 45-46, 2006, p. 133-142.
▪ 7. OH2, p. 130.

Anthropologie et utopie
autour de « L'homme étranger au monde »

Dans « L'Homme étranger au monde », Anders pose que « l'homme est compris d'emblée comme un être par essence temporel et ayant un avenir, [un] avenir [qui] en tant qu'avenir est [...] *a priori* »[8]. Cet avenir, ajoute-t-il plus loin, est « le médium de [s]a liberté »[9]. On voit bien comment cet homme libre et tourné vers l'avenir mais sans monde peut croiser la question de l'utopie. Anders ne le dit pas dans cette conférence mais dans un compte-rendu d'*Idéologie et utopie* de Mannheim, « Sur le prétendu "lien à l'être" de la conscience », publié à la même époque (1930) dans l'*Archiv für Sozialwissenschaft und Sozialpolitik* (n° 64)[10]. Anders y entreprend d'intégrer de façon critique la conception de l'utopie exposée par Mannheim à sa propre anthropologie philosophique. Ce compte-rendu est une belle défense de la philosophie contre son dépassement par la sociologie que Mannheim promeut au rang de « science centrale »[11], ravalant ainsi la philosophie au rang d'idéologie. La défense d'Anders va consister à opérer un dépassement de la sociologie de la connaissance par l'anthropologie philosophique[12]. Il prétend reprendre « de façon plus radicale »[13] les concepts de Mannheim dans son anthropologie et y partir de la « situation fondamentale de l'homme »[14]. Un an plus tôt, il avait déjà articulé son anthropologie, via Mannheim, avec la question de l'utopie dans « *Situation und Erkenntnis* » (Situation et connaissance) :

> Par sa non-appartenance au monde et son avoir-été-installé-sur-un-autre-monde [*sein auf-eine-andere-Welt-Eingestelltsein*], bref, par sa double mondanéité, l'homme est un être véritablement utopique. « Est utopique une conscience qui ne coïncide pas avec l'<être> qui l'entoure », dit Karl Mannheim[15]. Nous ne concevons cependant pas l'être utopique comme une conscience spécifique, mais comme une position fondamentale de l'homme dans le monde, une position à partir de laquelle seule une conscience spéciale est compréhensible. Et, grâce à ce rôle fondamental, elle perd aussi l'opprobre [*Odium*] d'être une « fausse conscience » et un faux *logos*. Car ce n'est que *sub specie* de l'utopie – à savoir du monde non existant, mais qui est dû à l'homme et que ce dernier doit réaliser – que l'on « approche-[le-monde-préexistant]-en-tant-que... ». Et « approcher-[le-monde]-en-tant-que... » est la forme théorique du faire-quelque-chose-[du-monde] [*Machen-zu*], c'est-à-dire de la transformation du monde préexistant en celui qui est dû [à l'homme], l'utopie n'est pas un faux approcher, mais la condition de possibilité de tout approcher[16].

■ 8. WdM, p. 19.
■ 9. *Ibid.*, p. 33.
■ 10. Cor, p. 159-191.
■ 11. K. Mannheim, *Idéologie et utopie*, trad. fr. J.-L. Evard, Éditions de la Maison des Sciences de l'homme, 2006, p. 201 (cité par Anders dans Cor, p. 162).
■ 12. Voir Cor, p. 162.
■ 13. *Ibid.*, p. 161.
■ 14. *Ibid.*, p. 162.
■ 15. K. Mannheim, *Idéologie et utopie*, *op. cit.*, p. 159 (cité par Anders dans « Situation und Erkenntnis » [1929], WdM, p. 188).
■ 16. WdM, p. 188.

« Sur le prétendu "lien à l'être" de la conscience » développe ces quelques lignes sur une trentaine de pages et leur donne radicalement le tour d'une appropriation philosophique du très formel concept d'utopie comme non-coïncidence au monde de Mannheim. Pour ce dernier, l'utopie n'est qu'une « conscience spécifique », une conscience parmi d'autres : plus précisément, c'est un mode de penser dynamique tourné vers l'avenir [17] (alors que l'idéologie est un mode de pensée statique tourné vers le passé). Pour Mannheim, l'utopie et l'idéologie diffèrent en outre dans leurs effets sur l'ordre social : l'utopie vise à le remettre en cause, l'idéologie à le conforter. Pour Anders, « l'homme est fondamentalement utopique » [18]. Anders n'invente pas une nouvelle philosophie de l'utopie mais anthropologise celle de Mannheim. Il en reprend le concept formel et l'articule à son anthropologie de l'homme sans monde.

Comme Anders le dira un peu plus tard dans « Pathologie de la liberté » (1936), ce qu'il vise en anthropologisant le concept d'utopie de Mannheim, c'est à permettre à l'homme de « réalise[r] [sa] liberté dans la pratique » [19], d'« utilise[r] la dimension du futur pour outrepasser son "être-précisément-maintenant" [*gerade-jetzt-Sein*] » [20]. Mais,

plus [l'homme] poursuit, délaissant ses attaches, dans la direction de l'avenir que [sa] liberté lui fait entrevoir, plus il s'égare dans le domaine de l'indéterminé. L'avenir ainsi prolongé se transforme qualitativement, il se renverse dialectiquement, et voici que tout à coup il n'est plus le propre futur de l'homme. Celui-ci s'égare en quelque chose qui ne lui est plus disponible ; à ce « temps » ne convient même plus la direction spécifique du temps, le sens positif : il se ramène à quelque chose qui ne sera plus futur, à un *aiôn* [insignifiant pour le] moi. L'homme certes peut encore penser et indiquer l'existence de cet *aiôn*, mais d'une manière stérile, sans le comprendre et sans le réaliser ; il est trop éloigné de son horizon de vie propre et proche [21].

L'utopie est prise dans une dialectique du proche et du lointain. Trop proche, elle se contente de prolonger le présent ; trop lointaine, elle sort du temps, sombre dans l'indéterminé de l'*aiôn* et peinera, si elle y arrive, à revenir se réaliser dans le temps. Trop proche, l'utopie est idéologie, elle est une « fausse conscience » [22] de la situation actuelle, « un simple prolongement de la situation actuelle » [23] ; trop lointaine, elle est inutile et donc stérile.

Donner à l'homme sans monde mais pouvant et devant, donc, se doter d'un monde le nom d'« homme utopique », c'est une façon pour Anders de dire ce qu'a d'utopiste son anthropologie qu'il lui est arrivé de qualifier d'« anthropologie négative » [24]. Il l'a dite négative parce qu'elle parle d'un homme « non-fixé » mais c'est exactement pour la même raison qu'on (et qu'il) peut la juger utopiste.

17. Dans l'anthropologie d'Anders, « l'homme historique » et « l'homme utopique » s'opposent à « l'homme contre-historique » mais le premier est tourné vers le passé, le second vers le futur.
18. Cor, p. 165.
19. PL, p. 28.
20. *Ibid.*, p. 34.
21. *Ibid.*, p. 34.
22. WdM ; p. 188.
23. MN, p. 171.
24. Voir HsM, XV et OH2, p. 130.

Mais de la lecture d'*Idéologie et utopie* il n'a pas retiré que l'idée de requalifier d'utopique l'homme de son anthropologie, il en a retenu également une certaine conception de l'utopie. Le seul exemple de « conscience utopique » qu'il prend dans son compte-rendu d'*Idéologie et utopie* est le « mouvement chiliastique »[25]. Pensée à travers le prisme du chiliasme ou millénarisme, l'utopie est pensée sur le modèle du royaume. Sur ce point, Anders se sent complètement mannheimien : « C'est seulement à partir de ce moment qu'il peut y avoir quelque chose comme une utopie »[26]. Dans la mesure où « l'homme utopique s'approche du monde avec des prétentions [...] en contradiction avec la réalité [...], il possède aussi une contre-image complète de son monde authentique »[27]. Anders s'empresse de préciser que cette contre-image n'est pas un « tableau utopique précis »[28], mais le résultat du travail de la vie qui « transforme, invite, conserve » et propose toujours l'image d'un autre monde possible que l'on peut « ajouter [...] comme une superstructure au monde disponible »[29].

Anders aborde la question de l'utopie à travers l'utopie millénariste.

Je vais maintenant consacrer un premier excursus à la façon dont Mannheim aborde l'utopie à travers l'utopie millénariste puis un second à la façon dont Tillich aborde la question du *kairos* pour le surgissement de l'éternel dans le temporel. Je reviendrai ensuite à Anders et montrerai ce qui de ces conceptions relevant, pour l'une, de la sociologie des religions et, pour l'autre, de la théologie, est passé dans la pensée d'Anders après 1945.

Excursus 1 : Mannheim et l'utopie millénariste

L'exemple d'« utopie » que privilégie le sociologue Karl Mannheim et que retient Anders est donc le chiliasme ou millénarisme. L'utopie chiliastique ou millénariste est présente dans *Idéologie et utopie* non pas à travers ses origines bibliques mais à travers ses manifestations modernes et en particulier à travers le mouvement anabaptiste mené par Thomas Münzer au début du XVIe siècle. Mannheim considère ce mouvement comme « la première figure de la conscience utopique » et parle à son propos du « chiliasme orgiastique des anabaptistes »[30]. Le chiliasme ayant pour lui valeur de paradigme, sa réflexion sur les formes de l'utopie tourne autour du millénarisme et de ses prolongements historiques. « [Mannheim] tente de construire le *type idéal* d'une mentalité utopique millénariste qui revient à différentes époques de l'histoire et qui constitue selon lui la forme la plus radicale de l'utopie

25. Cor, p. 193.
26. *Ibid.*, p. 193.
27. *Ibid.*, p. 165.
28. *Ibid.*, p. 165.
29. *Ibid.* p. 165 pour les deux citations.
30. K. Mannheim, *Idéologie et utopie, op. cit.*, p. 173. E. Bloch et K. Mannheim, qui se connaissaient, ont en commun une passion pour la figure de Thomas Münzer. De Bloch, Mannheim estimait tout particulièrement *L'Esprit de l'utopie* (1918) – dont il a écrit une recension (« Ernst Bloch, *Geist der Utopie* », dans *Athenaeum* 5, 1919, p. 207 *sq*.) – et *Thomas Münzer* (1921). Bloch parle à plusieurs reprises de Mannheim et d'*Idéologie et utopie* (1929) dans *Héritage de ce temps* (1935).

moderne », résume Michael Löwy[31]. L'idée d'un royaume millénaire sur Terre existe depuis des siècles. L'Église avait réussi à la faire oublier puis elle est réapparue avec Joachim de Flore au XIIᵉ siècle sans dimension politique puis chez les Hussites et les Anabaptistes de Thomas Münzer avec une dimension fortement révolutionnaire. L'idée d'un royaume millénaire sur Terre change de statut, elle cesse d'appartenir aux « attentes jusqu'alors flottantes, ou cristallisées sur un au-delà »[32], prend un caractère temporel, est vécue comme réalisable *hic et nunc* et a inspiré des révoltes historiques. Ainsi, au début du XVIᵉ siècle, le chiliasme ou millénarisme unit ses forces à celles des opprimés au cours de la fameuse Guerre des paysans : « Le cran décisif dans l'histoire des Temps modernes [...] fut le moment où l'univers "chiliastique" noua alliance avec la volonté active des couches opprimées »[33].

Qualifier ce phénomène de chiliasme d'« extatique/orgiastique »[34] est, pour Mannheim, une façon de dire qu'il est à la fois mystique et furieux. En outre, les états, les attitudes, les comportements extrêmes auxquels il a donné lieu sont collectifs. Cette forme d'utopie est donc inséparablement religieuse et politique : chez les anabaptistes, chiliasme ou millénarisme et révolution ne font qu'un. C'est pour des raisons religieuses qu'ils sont devenus révolutionnaires. « Ce ne furent pas des "idées" qui les poussèrent à l'action mais des énergies religieuses extatiques et orgiastiques, "des profondeurs d'âme d'ancrage autrement plus vital", des élans émotionnels et des tensions explosives conduisant à une expérience sensuelle inséparable de la spiritualité », souligne encore Michael Löwy[35]. La mentalité utopique chiliastique ou millénariste est nécessairement et religieuse et politique pour Mannheim. Elle n'est pas révolutionnaire au sens où elle serait dirigée contre un oppresseur déterminé mais contre le principe du mal agissant dans la société. Pour les utopistes chiliastiques ou millénaristes, la révolution est un mode de vie, pas un simple moyen pour atteindre une fin. C'est en ce sens, selon Mannheim, que l'on peut voir « dans le mouvement de Thomas Münzer le coup d'envoi des révolutions modernes »[36].

Mannheim s'intéresse aussi à la conception du temps de la conscience chiliastique ou millénariste : refusant toute idée de processus, de développement ou de devenir, « elle ne connait que l'instant abrupt, le Maintenant de la parousie du sens ». « La conscience qui persévère dans l'attente du seuil chiliastique ne connaît et ne reconnaît, même plus tard, [...] ni cheminement ni évolution, elle ne connaît qu'un jusant et qu'un reflux du temps »[37]. Elle nous procure ainsi une « différenciation qualitative du devenir historique »[38], qui distingue des moments riches de significations et d'autres qui en sont dépourvus. Sa temporalité est celle du *kairos* tel que le définit Tillich – nous allons y venir – : le temporel envahi par l'éternel. Mais pour le chiliasme ou millénarisme,

▩ 31. M. Löwy, « Karl Mannheim, *Idéologie et utopie* », *Archives de sciences sociales des religions* 138, 2007, p. 97.
▩ 32. K. Mannheim, *Idéologie et utopie*, op. cit., p. 174.
▩ 33. *Ibid.*, p. 173.
▩ 34. *Ibid.*
▩ 35. M. Löwy, « Karl Mannheim, *Idéologie et utopie* », art. cit., p. 97.
▩ 36. K. Mannheim, *Idéologie et utopie*, op. cit., p. 173.
▩ 37. *Ibid.*, p. 184 pour les deux citations.
▩ 38. *Ibid.*, p. 185.

le royaume doit surgir dans le monde *maintenant* : il s'agit d'un *hic et nunc* qui ne souffre pas de délai. Ce qui permet d'identifier le chiliasme, c'est le sentiment d'une « présence absolue » : « […] l'instance du présent devient la faille où ce qui avait d'abord été for intérieur déborde dehors et intercepte soudain en le modifiant le monde extérieur »[39]. Bref, le chiliaste ou millénariste n'est pas mû par des espoirs optimistes dans un avenir indéfini : il veut le royaume millénaire dans le présent immédiat, ici et maintenant, dans l'existence terrestre. Il est le plus impatient des utopistes.

Excursus 2 : Tillich et le moment (*kairos*) du surgissement du royaume

Paul Tillich est à la fois un théologien (protestant), un philosophe et un socialiste[40]. C'est à ce triple titre que, dès les années 1920, il a qualifié sa théologie de théologie du *kairos*. Si le *kairos* l'intéresse, ce n'est pas au sens aristotélicien[41], mais néotestamentaire. Ce *kairos* est le moment propice non pour l'arrivée mais pour le retour du Fils de l'Homme. L'Ancien Testament avait annoncé son arrivée : « Alors la gloire de Yahvé se révélera et toute chair, d'un coup, la verra, car la bouche de Yahvé a parlé » (Isaïe, 40.5). Un messie, le Christ, est arrivé pour les Chrétiens, puis il a parlé aux apôtres de son retour : « Soyez sur vos gardes, veillez, car vous ne savez pas quand ce sera le moment [*kairos*] » (Marc, 13.33). L'*Apocalypse* se termine sur les mots « Viens, Seigneur Jésus » (22.20). La foi chrétienne se caractérise alors comme croyance dans le retour du Christ : « Celui qui aura tenu bon jusqu'au bout, celui-là sera sauvé » (Mathieu, 24.13).

Dans la théologie de Tillich, le mot *kairos* vise le moment propice pour le surgissement de l'éternel dans le temporel, le retour du Christ comme sauveur du monde. Le *kairos* est le moment de « l'accomplissement du temps » (*the fulfillment of time*), celui où « le Royaume de Dieu est à portée de main » (*at hand*)[42]. Le *kairos* est « un grand moment dans lequel quelque chose de neuf pourrait être créé »[43]. C'est un moment riche en contenus et en significations, qui introduit de la différence, apporte des changements et ouvre des possibilités[44]. Cette introduction de *kairoi* dans le *chronos* donne à l'Histoire une allure particulière : « [elle] n'évolue pas selon un rythme régulier […], elle a des hauts et des bas, des périodes de rapidité et de lenteur, de créativité intense et d'asservissement conservateur à la tradition »[45]. Quand la transcendance surgit dans l'Histoire, c'est pour la transformer, mais il ne faut pas voir ce surgissement comme un événement ponctuel : des temps de maturation le précèdent, l'accompagnent et le suivent. À travers des moments particuliers, le royaume s'approche, du sens fait irruption dans l'Histoire et fait

39. *Ibid.*, p. 176.
40. Un théologien protestant et un socialiste pour qui Jésus a été le premier socialiste… (voir P. Tillich, *Political expectation*, Macon, Mercer University Press, 1971, p. 40).
41. Voir P. Aubenque, *La Prudence chez Aristote*, Paris, P.U.F., 1963.
42. P. Tillich, *Systematic Theology*, Chicago, University of Chicago Press, vol. 3, 1951, p. 369.
43. P. Tillich, « The Decline and the Validity of the Idea of Progress », in *The Future of Religions*, New York, Harper & Row, 1966, p. 78.
44. Le kairos est « épochal », écrit Tillich en 1922 dans « Kairos 1 », dans P. Tillich, *Christianisme et socialisme*, Paris-Genève-Québec, Cerf-Labor et Fides-Presses de l'Université Laval, 1992, p. 120.
45. P. Tillich, *Systematic Theology*, III, op. cit., p. 371.

d'elle une pré-Histoire, l'attente active d'un monde nouveau[46]. Les hommes doivent alors savoir « discerner les signes des temps » (Matthieu, 16 : 3). Ils doivent s'interroger, comme l'a fait Tillich après 1918, après 1933, puis après 1945 sur « la situation spirituelle du temps présent »[47]. Déchiffrer ces signes et en parler, proclamer que « quelque chose qui dépasse le temps et l'espace vient dans le temps et dans l'espace » c'est faire œuvre de prophète[48]. Le prophète invite à un engagement non pas universel et abstrait, mais « en lien avec les événements du présent »[49]. Le *kairos*, c'est ici et maintenant qu'il faut le saisir : il se peut qu'il ne revienne pas. La proclamation de sa venue sous-entend l'injonction pressante de s'en saisir et d'agir. Mais le reconnaître et entreprendre de le saisir ne garantit pas le succès : il peut se solder par un échec (comme, en Allemagne, après 1918, après 1933…), il se peut que du négatif détruise le positif qui semblait s'ouvrir. Après s'être rapproché, le royaume peut s'éloigner. Quand le royaume approche, sa proximité donne en général naissance au surgissement d'une « communauté [active] du *kairos* »[50] : cette proximité rend possible et nécessaire une participation humaine active à l'œuvre de Dieu.

Il ne faut pas croire que le royaume vient alors en une fois et sans reste. Il vient « *dans* l'Histoire, tout en demeurant, cependant, *au-dessus* de l'Histoire »[51]. Le *kairos* introduit dans le monde une nouveauté réelle mais inachevée et incomplète. Au début de l'Évangile selon Marc, Jésus annonce que le royaume de Dieu s'est approché, il ne proclame pas qu'il est là, note Tillich[52]. Le royaume est toujours encore à venir, il n'est jamais totalement présent, jamais entièrement accompli : « L'accomplissement n'est pas un concept purement empirique »[53]. On notera la différence entre les anabaptistes selon Mannheim et leur exigence d'une présence absolue du royaume et la réserve dont fait preuve le royaume selon Tillich.

S'il est facile d'identifier rétrospectivement les *kairoi* passés, identifier ceux du présent est une autre affaire. Après 1918, au cours des années 1920 et 1930, Tillich a eu la conviction de vivre une période d'une grande ouverture, « un moment historique inaugurateur d'une nouvelle époque »[54]. La montée du nazisme et la Seconde Guerre mondiale montrent qu'à l'évidence cette avancée du royaume n'a pas abouti. En 1945, la situation n'est pas comparable à celle de 1918. L'antagonisme entre les USA et l'URSS gagne le monde et tue

46. P. Tillich, « La Décision socialiste », dans *Écrits contre les nazis*, Paris-Genève-Québec, Cerf-Labor et Fides-Presses de l'Université Laval, 1994, p. 115.

47. Sur ce concept, voir P. Tillich, « La Théologie du *kairos* et la situation spirituelle présente. Lettre ouverte à Emanuel Hirsch », dans *Écrits contre les nazis, op. cit.* p. 239; *Systematic Theology*, III, *op. cit.*, p. 371; *Ultimate Concern*, London, SCM Press, 1965, p. 130 *sq.*

48. P. Tillich, *Ultimate Concern, op. cit.*, p. 127.

49. P. Tillich, « La Décision socialiste », dans *Écrits contre les nazis, op. cit.*, p. 117 *sq.*; *An History of Christian Thought*, New York, Simon & Schuster, 1972, p. 1.

50. P. Tillich, « Les Principes fondamentaux du socialisme religieux », dans *Christianisme et socialisme, op. cit.*, p. 198 *sq.*

51. P. Tillich, « La Théologie du *kairos* et la situation spirituelle présente. Lettre ouverte à Emanuel Hirsch », dans *Écrits contre les nazis, op. cit.*, p. 229; « The Political Meaning of Utopia », dans *Political Expectation, op. cit.*, p. 179.

52. P. Tillich, « La Lutte des classes et le socialisme religieux », dans *Christianisme et socialisme, op. cit.*, p. 386.

53. Voir P. Tillich, « La Décision socialiste », dans *Écrits contre les nazis, op. cit.*, p. 117.

54. P. Tillich, « Kairos 1 », dans *Christianisme et socialisme, op. cit.*, p. 157; « Kairos II », dans *Christianisme et socialisme, op. cit.*, p. 261; « Le Socialisme religieux II », dans *Christianisme et socialisme, op. cit.*, p. 464.

dans l'œuf toute velléité de changement. Les menaces – et, en tête, la menace nucléaire – l'emportent sur les promesses et une situation figée interdit le surgissement de toute innovation ou de tout changement d'envergure. Alors qu'en 1918, on avait le sentiment que quelque chose de nouveau pouvait surgir, en 1945, on expérimente un « vide » et ce moment est tout sauf un *kairos* : le royaume ne se rapproche pas, il s'éloigne[55].

Les réflexions de Mannheim et de Tillich sur le millénarisme convergent vers une conception différenciée du devenir historique qui suppose l'apparition de *kairoi* pour le surgissement de l'éternel dans le temporel. Le point sur lequel ces deux auteurs divergent est celui de l'économie de l'accomplissement du royaume : pour Mannheim, aux yeux de qui l'utopie chiliastique ou millénariste pré-informe la typologie des utopies, il doit s'accomplir ici et maintenant sans reste ; pour Tillich, il s'approche mais n'est jamais entièrement accompli.

Anders et l'inversion de l'utopie chiliastique ou millénariste dans le monde dystopique d'après 1945

C'est donc devant Mannheim et Tillich, dont nous espérons avoir donné une idée de ce qu'ils ont l'un et l'autre pu apporter à la pensée de l'utopie et à la compréhension de l'articulation de celle-ci à la religion et à l'Histoire, qu'Anders fait sa conférence à Francfort, en 1930. Il y expose les grandes lignes d'une anthropologie recélant un potentiel utopiste – à l'époque, il est encore de ceux qui ont vécu « les fameuses années vingt »[56] comme un *kairos*, « fasciné […] par l'alexandrisme du Berlin d'après-guerre [et] déconcerté par le fait que toutes les conceptions du monde, marxisme, américanisme, culte de Dostoïevski, dadaïsme, nationalisme, anthroposophie, etc. circulaient avec une égale légitimité l'une avec l'autre, l'une à côté de l'autre »[57]. Confrontons Anders à Mannheim et Tillich pour suivre ce qu'il advient de la réflexion sur l'utopie qu'il engage dans leur sillage, sachant que cette réflexion va évoluer au même rythme que sa réflexion sur l'homme qui passe de l'affirmation de son incomplétude structurelle (dans le cadre d'une anthropologie philosophique) à celle de son obsolescence (dans le cadre d'une caractérisation critique de l'époque, impliquant jusqu'à « l'obsolescence de l'anthropologie philosophique »[58]).

S'il se fait un concept de l'utopie – chiliastique ou millénariste – au contact des pensées de Mannheim et Tillich, la question du messianisme, chez Anders, est aussi et surtout la question de son rapport à la philosophie marxienne de l'Histoire. Marx, Anders le regarde, dans « Ma Judéité » (1974) et déjà dans *Sténogrammes philosophiques* (1965), comme un prophète juif qui, « en dépit de son passage du monothéisme à l'athéisme », combat

■ 55. P. Tillich, « Religion and Secular Culture », dans *The Journal of Religion*, vol XXVI, n°2, April 1946, p. 80 ; « The Political Meaning of Utopia », dans *Political Expectation, op. cit*, p. 180.

■ 56. Allusion à un texte éponyme d'Adorno qui revient sur ce moment et explique que « les dictatures ne fondirent pas sur [l]es sociétés [de cette époque] de l'extérieur, tel Cortez envahissant le Mexique, mais furent engendrées par la dynamique sociale de l'après-Première Guerre mondiale et projetèrent leur ombre sur l'avenir » (T. W. Adorno, *Modèles critiques*, trad. fr. M. Jimenez et E. Kaufholz, Paris, Payot, 2003, p. 51).

■ 57. HsM, p. 30.

■ 58. OH2, p. 129 *sq*.

les idéologies, « les idoles de son époque », » avec la fureur iconoclaste du monothéisme juif »[59]. De la philosophie marxienne de l'Histoire, philosophie messianique, philosophie de l'espérance, Anders trouve que Bloch a gardé l'esprit intact à une époque où il n'y avait pourtant déjà plus rien à espérer des régimes communistes :

> […] [l]a thèse [de Marx] selon laquelle l'Histoire n'aurait été jusqu'à présent qu'une « Histoire des classes », la « pré-Histoire » d'un royaume messianique de la liberté post-historique, était […] une tentative pour articuler Histoire et système, du moins Histoire et harmonie […] Cette philosophie de l'espérance, pour autant qu'on puisse qualifier un messianisme de « philosophie », était encore (même si la parousie attendue par Marx n'a pas eu lieu et qu'en Union soviétique, depuis cinquante ans, s'est déroulée aux yeux de tous une histoire qui ne s'est pas poursuivie dans un sens messianique) celle de Bloch. On ne peut plus lui reprocher, comme à Marx, d'avoir fait un faux pronostic parce qu'il était aveuglé par l'espérance, mais on doit lui reprocher de s'être systématiquement aveuglé face à la réalité, malgré sa haine de la RDA[60].

Ce texte qui critique la fidélité de Bloch au messianisme marxien date de 1979. Anders, lui, avait perdu son messianisme depuis longtemps. Du 6 août 1945, il écrit (en 1974) que « ce fut la fin de [son] messianisme » et revient encore sur Ernst Bloch qui, dit-il, « était […] incapable de faire ce qui, aujourd'hui, est notre tâche, à savoir *vivre sans espérance* ». « Sur ce point, il était plus juif que moi », ne peut-il s'empêcher d'ajouter[61].

En quoi le 6 août 1945 signifie-t-il la fin du messianisme et l'inversion de l'utopie ?

> *L'époque des changements d'époque est passée depuis 1945.* Nous ne vivons plus à présent une époque de transition précédant d'autres époques, mais un « délai » tout au long duquel notre être ne sera plus qu'un « *être-juste-encore* ». L'obsolescence d'Ernst Bloch, qui s'est opposé au simple fait de prendre en compte l'événement Hiroshima, a consisté dans sa croyance – aboutissant presque à une forme d'indolence – selon laquelle nous continuons à vivre dans un « pas-encore », c'est-à-dire dans une « pré-Histoire » précédant l'authenticité. Il n'a pas eu le courage de cesser d'espérer, ne serait-ce qu'un moment. Peu importe qu'elle se termine maintenant ou qu'elle dure encore, notre époque est et restera la *dernière*, parce que la dangereuse situation dans laquelle nous nous sommes mis avec notre spectaculaire produit, qui est ainsi devenu le signe de Caïn de notre existence, ne peut plus prendre fin – si ce n'est par l'avènement de la fin elle-même[62].

Comme c'en est fini avec les époques, c'en est fini avec l'espérance, c'en est fini avec l'idéologie du progrès. Il n'y a plus qu'un délai, dans lequel le temps n'avance plus et qu'accompagne la passion du désespoir. Si l'on peut parler d'accomplissement du temps ici, c'est dans un tout autre sens que chez Tillich. Le devenir historique qualitativement différencié d'avant a laissé la

---

59. MJ, p. 27.
60. OH2, p. 410 *sq.*
61. MJ, p. 24 pour les deux dernières citations.
62. OH2, p. 20.

place à un temps qualitativement identique. Si le monde des machines est entré dans un « *accelerando* forcené »[63], c'est parce que ce sont elles qui progressent, pas nous. Anders va répétant cela depuis *La Catacombe de Molussie*[64]. Le délai n'est pas une époque, il n'y a plus de temps qui s'écoule en lui[65]. C'est un présent qui se répète chaque jour que l'on gagne. Si Anders a ressenti aussi fort la fin en lui du messianisme, c'est qu'il a cru, lui-même, après 1918, en tant que « néo-chiliaste », en l'avènement d'une deuxième guerre mondiale plus réussie que la première, en progrès sur la première :

> N'importe quel connaisseur, même superficiel, de *l'histoire de l'Histoire* sait que c'est le chiliasme du christianisme primitif qui, le premier, a fondé le concept d'« Histoire »; et naturellement l'idée de progrès […] a été, elle aussi, « *futurologique* ». Mais, pendant les premières années du XIXe siècle, entre 1800 et 1848, cette futurologie fut pourtant relayée par une mentalité historique orientée vers le passé, et pas seulement sur le territoire de l'État allemand. Puis cette mentalité a été à son tour relayée par un « *néo-chiliasme* ». En fait, après la fin de la Première Guerre mondiale, a dominé une attente historique complètement messianique à laquelle moi-même, alors âgé de seize ans, je n'ai pu me soustraire. Nous n'étions pas fiers d'« avoir si bien réussi », au contraire nous espérions « faire mieux » demain ou après-demain et c'est pour cela que nous combattions[66].

Ce qu'il reproche à Bloch, c'est d'être resté un progressiste : « Le dernier représentant de ceux qui ont cru à cette attente historique complètement messianique aura été l'espérant professionnel Ernst Bloch, qui ne se laisse intimider ou désappointer par aucun Auschwitz ni aucun Hiroshima »[67].

Avant 1945, pendant ces années qu'Anders qualifie de néo-chiliastiques, le nazisme s'était approprié le rêve millénariste. C'est le 1er sept 1933, à Nuremberg, qu'Hitler annonce que l'État qu'il dirige depuis le 30 janvier 1933 s'appelle désormais le « *dritte Reich* » (expression dans laquelle il faut entendre à la fois « *Reich* » comme « empire » et comme « royaume », puisque l'impérialisme nazi s'y présente comme millénariste) et que ce royaume durera 1000 ans. Sachant que « [l]'Histoire [qui] s'est déroulée aux yeux de tous [en Union soviétique] ne s'est pas poursuivie dans un sens messianique »[68], cette récupération par les nazis de l'énergie de la croyance millénariste ou chiliastique pendant le *kairos* des années 1920 continuera d'en inverser la valeur. On ne trouve pas chez Anders un geste consistant à dire que le millénarisme a accouché du stalinisme et de l'hitlérisme et que le mal était dans l'utopie[69] mais un geste consistant à dire qu'à ce moment (*kairos*) de l'Histoire, la valeur du millénarisme s'est inversée. Il y a inversion (du sens) de l'utopie. Après la fin de la Première Guerre mondiale, dans le

---

63. NFE, p. 84.

64. CM, p. 423.

65. Voir MN, p. 290 *sq.*

66. OH2, p. 273.

67. *Ibid.*, p. 273.

68. *Ibid.*, p. 411.

69. C'est le geste qui organisait l'exposition « Utopie : la quête de la société idéale en Occident » (BNF, Paris, 2000), exposition dont Miguel Abensour parlait souvent avec colère. On retrouve un geste comparable dans le livre de Frédéric Rouvillois, *Crime et utopie. Nouvelle enquête sur le nazisme* (Paris, Flammarion, 2014) qui ne présente pas tant le nazisme comme une utopie que l'utopie comme intrinsèquement nazie.

sillage d'octobre 1917, un moment semblait s'être présenté pour qu'advienne un nouveau monde, mais il s'est soldé par un échec. Le négatif a détruit le positif qui semblait s'ouvrir. Après s'être approché, le royaume s'est éloigné. La valeur du millénarisme a commencé à s'inverser avec Staline et Hitler et a achevé de s'inverser en 1945, au moment où les bombes atomiques d'Hiroshima et Nagasaki lancées par des (an)nihilistes [70] ont annoncé l'apocalypse sans royaume, la fin même de la possibilité pour l'homme de concevoir des royaumes messianiques. L'utopie messianique, c'est-à-dire l'utopie pour Anders, puisque pour lui l'utopie est fondamentalement messianique, est morte à Hiroshima et Nagasaki. Alors, le millénarisme est devenu une croyance pour machines : « Nous pouvons tranquillement affirmer que le monde en tant que machine [c'est-à-dire la mégamachine], c'est l'empire millénariste vers lequel se sont portés les rêves de toutes les machines » [71]. Et ce rêve est réalisé aujourd'hui : « nous avons déjà abordé la rive du "royaume millénariste" » [72]. La ressemblance entre ce *Reich* des machines et le *Reich* hitlérien ne fait aucun doute pour Anders. Il lui semble même que le premier sera pire que le second :

> Étant donné que l'empire de la machine accumule, que le monde de demain s'étendra au globe entier et que ses performances dans le travail seront sans lacune, en vérité, la malédiction se trouve encore devant nous. Ce qui veut dire que nous devons nous attendre à ce que l'épouvante de l'empire à venir rejette largement dans l'ombre celle de l'empire d'hier. Indubitablement : quand un jour, nos fils ou nos petits-enfants, fiers de la perfection de leur co-machinisation, porteront leur regard vers celui d'hier, le troisième, des hauteurs éthérées de leur empire millénariste, certainement ils n'y verront alors qu'une simple scène provinciale, expérimentale [73].

Cette situation de co-machinisation, le fait que les hommes ont non pas perdu mais abandonné leur statut de Sujet de l'histoire est un signe. Elle dit que le moment, *kairos*, est venu pour nous non pas d'aider un nouveau royaume à advenir mais d'arrêter d'écouter les prophètes et de devenir des cathéchontes. À l'inversion de sens et à la dépossession de l'utopie millénariste, il n'est possible de répondre qu'en assumant notre nouvelle condition qui n'est plus d'être des hommes ayant un avenir et en quête d'un autre monde mais des hommes n'ayant plus qu'un délai et essayant de conserver le monde existant.

Qu'est-ce qu'un cathéconte ? Le *katechon* est, dans la deuxième épître aux Thessaloniciens, la puissance négative qui retarde l'apocalypse et, par conséquent, l'avènement du Royaume de Dieu sur Terre. L'apocalypse a changé de sens chez Anders. Elle n'est plus qu'une « apocalypse sans royaume », et du coup, chez lui, le *katechon* devient une puissance positive. Les hommes du « temps de la fin », c'est-à-dire les hommes d'après 1945, d'après la mort de l'utopie, doivent répondre collectivement à la situation en devenant des « apocalypticiens d'un nouveau genre », des « apocalypticiens prophylactiques » [74]. En tant que tels, leur tâche est de travailler à rendre

---

70. Voir OH1, p. 336 et 338.
71. NFE, p. 83.
72. *Ibid.*, p. 84.
73. *Ibid.*, p. 87 sq.
74. MN, p. 258 sq.

infini le « temps de la fin », c'est-à-dire de s'efforcer de retarder à l'infini la « fin des temps »[75]. Seul un mouvement collectif et démocratique est capable faire reculer la fin du monde. Qu'on ne s'y trompe pas : pour Anders, l'issue est politique (c'est-à-dire pratiquement politique) et non religieuse.

La bombe atomique a eu pour effet de créer une « situation eschatologique » : la fin des temps. La fin des temps est un *kairos* pour l'ontologie[76] – elle permet de penser un non-être absolu en rien relatif – mais elle est aussi et surtout un *kairos* pour l'action[77]. Pas parce qu'elle favoriserait l'action mais parce qu'elle ne laisse pas le choix : soit on agit, soit on meurt :

> [...] la bombe a eu un effet, c'est d'avoir fait aujourd'hui de l'humanité une humanité en lutte. Elle a réussi là où les religions et les philosophies, les empires et les révolutions avaient échoué : elle a vraiment réussi à faire de nous une humanité. Ce qui peut tous nous toucher nous concerne tous. Le toit qui s'effondre est devenu notre toit à tous. C'est en tant que morts en sursis que nous existons désormais. Et c'est vraiment la première fois[78].

Chez Tillich, le *kairos* était le royaume qui s'approchait après une apocalypse (la Première Guerre mondiale, l'arrivée des nazis au pouvoir). Chez Anders, c'est la possibilité d'une apocalypse sans royaume (avec l'avènement de la menace nucléaire) qui tient paradoxalement lieu de *kairos*.

Penseur de toutes les obsolescences, Anders est aussi le penseur de l'obsolescence du chiliasme ou millénarisme et, avec lui, de l'utopie. Ces deux obsolescences ne l'empêchent pas de cerner un nouveau *kairos* dont l'enjeu n'est pas d'aider un royaume à surgir mais de repousser la fin du monde.

■ 75. *Ibid.*, p. 312.

■ 76. Voir *Ibid.*, p. 253.

■ 77. S'il est un penseur du désespoir, Anders est un penseur de l'action et même de la nécessité de la révolution. Il envisage un éventuel effondrement du monde (« Si le monde venait à s'effondrer... », dans OH1, p. 272) et explique que, si nous restons aveugles face à cette possible apocalypse, c'est parce qu'elle est « historiquement supraliminaire » (OH1 292). Les civilisations ne sont pas éternelles – Anders évoque la disparition de l'Atlantide – et leur « effondrement » entraîne leur « disparition ». Après avoir été « récupéré » par le catastrophisme (J.-P. Dupuy, *Pour un catastrophisme éclairé*, Paris, Seuil, 2004), Anders fait partie aujourd'hui, si l'on en croit Bruno Villalba (*Les collapsologues et leurs ennemis*, Paris, Le Pommier, 2021), des influences des collapsologues Pablo Servigne et Raphaël Stevens (*Comment tout peut s'effondrer. Petit manuel de collapsologie à l'usage des générations présentes* (Paris, Seuil, 2021). « Les collapsologues ont le grand mérite de vulgariser les enjeux en développant une vision systémique – mais ils ne représentent pas de rupture nette par rapport à Anders ou à Dupuy », renchérit le sociologue Paul Cary (« Converger vers l'effondrement. Trajectoires et perspectives », *Multitudes* 76, 2019/3, p. 145). Vulgariser est assurément une bonne idée. Vulgariser en systématisant, c'est autre chose. Systématiser, c'est produire du « -isme » et de la « -logie ». De catastrophisme en collapsologie, on assiste à la constitution d'une *doxa* néo-andersienne. Le grand enseignement de *La Catacombe de Molussie* est que l'espace politique est une scène sur laquelle se joue des rôles (je me permets de renvoyer, sur ce point, à la préface de P. Wilhelm, A. Ellenberger et Chr. David à CM). Anders, lui, y jouait le rôle d'un « semeur de panique » cherchant à émouvoir ; les catastrophistes et collapsologues français y jouent les rôles d'intellectuels concernés et raisonnables voulant discuter dans la langue de la raison. Ce sont deux formes d'engagement différentes qui posent le problème de l'appropriation dans un contexte b d'une pensée née dans un contexte a. Le texte de Borges « Pierre Ménard, auteur du Quichotte » suggère que, si l'on réécrivait les *Obsolescences* mot pour mot aujourd'hui, elles n'auraient pas le même sens qu'à l'époque où Anders les a écrites. Sur l'utopie, la *doxa* collapsologique ne dirait en plus de plus que sa source. « Aujourd'hui, l'utopie a changé de camp : est utopiste celui qui croit que tout peut continuer comme avant. L'effondrement est l'horizon de notre génération, c'est le début de son avenir. Qu'y aura-t-il après ? Tout cela reste à penser, à imaginer, et à vivre... », peut-on lire en quatrième de couverture de *Comment tout peut s'effondrer* (*op.c it.*). Les deux premières phrases sont du Anders vulgarisé ; les deux dernières sont d'un optimisme qu'Anders ne reconnaîtrait pas. La *doxa* collapsologique parle en ne doutant pas un instant qu'il y aura un après ; Anders dit qu'il n'y aura peut-être pas d'après...

■ 78. OH1, p. 343.

À la fin de l'introduction de cet article, nous parlions du tour « religieux » que prend parfois la pensée d'Anders. Il tient d'une part au caractère eschatologique de la situation qu'il prend en vue (« Il n'est pas sûr que les choses aient beaucoup changé [depuis Noé et Loth] et que l'humanité soit aujourd'hui beaucoup plus consciente de l'apocalypse, mais il est certain qu'il ne lui est plus permis de ne pas en être parfaitement consciente » [79]) et d'autre part aux conceptions théologiques (chiliastiques ou millénaristes) auxquelles il a recours et qu'il sécularise pour se hisser à la hauteur de cette situation. À une lettre dans laquelle Hans Jonas lui dit comment il conçoit le rapport entre philosophie et religion, Anders répond ceci :

> Pour moi aussi (qui ne suis à côté de toi, je le reconnais volontiers, qu'un ignorant en ce qui concerne l'histoire des religions) la tradition religieuse et théologique joue un grand rôle et le ton de nombreuses pages que j'ai écrites en tant que philosophe donne l'impression qu'elles ont été écrites par un théologien dans l'erreur. L'édification est un projet qui ne m'est pas éloigné. En fait, j'écoute chaque matin vers six heures les sermons des curés à la radio, parce qu'ils contiennent une tradition toujours vivante de l'apostrophe que la philosophie, elle, a complètement perdue. C'est sûr, nous nous situons « religieusement » à des niveaux très différents : l'idée d'utiliser la non-existence de Dieu comme un principe régulateur m'est très éloignée. Je crois en la non-existence de Dieu, si le verbe « croire » convient encore ici [80].

Conclusion

Même si, selon le rapport du SIPRI (Stockholm International Peace Research Institute), les stocks d'ogives nucléaires diminuent, neuf États (États-Unis, Russie, France, Chine, Inde, Pakistan, Israël, Corée du Nord) possédaient début 2021 plus de 13000 armes nucléaires dont près de 4000 déployées avec des forces opérationnelles et près de 2000 maintenues en état d'alerte. Il y a quelque obscénité à trouver aujourd'hui datée la question du nucléaire militaire [81]. Toutefois, que le nombre d'ogives nucléaires diminue

---

79. OH1, p. 268.

80. Lettre de Günther Anders à Hans Jonas du 15 avril 1977.

81. C'est ce qu'a révélé la guerre en Ukraine à ceux qui dormaient tranquilles sur cette certitude. Le nucléaire militaire constitue toujours une menace mais celle-ci prend une forme nouvelle pour deux raisons. D'abord, parce que ce conflit se déroule à proximité du site de Tchernobyl, de la centrale de Zaporojie (6 réacteurs) et de l'institut de physique de Kharkiv (1 réacteur) qui sont, du coup, exposés aux bombardements. Dans « Les conséquences des conséquences des conséquences », Anders dit « Toute centrale nucléaire est une bombe » (G. Anders, « Les conséquences des conséquences des conséquences », *Fario* 6, trad. fr. Chr. David, été-automne 2008, p. 347). *A fortiori*, lorsqu'elle se trouve au cœur d'une guerre, a-t-on envie d'ajouter. Ensuite, si, en 1956, Anders pouvait dire que la bombe n'était pas une arme parce qu'elle n'était pas un moyen (OH1, p. 277 *sq.*), aujourd'hui, à la menace nucléaire que la Guerre froide faisait peser sur le monde se substitue quelque chose comme un « terrorisme nucléaire » d'État (Petro Kotin, *Le Monde*, 4 mars 2022). S'il y a un État qui n'a pas renoncé à perfectionner son arsenal nucléaire, c'est bien la Russie. 6000 des 13000 ogives mentionnées plus haut sont russes (toujours d'après le SIPRI). Les missiles hypersoniques (de type Kinjal) peuvent les transporter comme aucun autre missile. La Russie a les moyens de terroriser le reste du monde avec son arsenal nucléaire. On pense aux pages qu'Anders consacre à la quête de l'arme atomique par le régime nazi dans *La Menace nucléaire* : un régime dont la politique intérieure repose sur la terreur et qui veut se donner la politique extérieure correspondant à sa politique intérieure grâce au nucléaire militaire (MN, p. 44 *sq.*). Nous sommes à un autre moment du délai – pour autant que le délai inclue des « moments » –, un moment qui est bien sûr un rejeton de la Guerre froide mais qu'elle ne suffit pas à expliquer. Cette fois-ci, il y va d'une reconfiguration du monde après la globalisation.

et que le nucléaire, faute de disparaître, ait du mal à renaître, prouve deux choses : d'une part que le nucléaire, énergie d'avenir dans les années 1950, est aujourd'hui davantage sur le déclin, d'autre part que le travail des apocalypticiens prophylactiques a fini par porter ses fruits.

Anders est un auteur compliqué dont beaucoup croient avoir tout compris parce qu'ils associent la bombe atomique à son nom. Anders ? Ah oui, il a écrit sur la bombe atomique ! Et qu'en a-t-il dit ?... La bombe est un peu l'arbre qui cache la mégamachine[82]. Elle n'en est qu'une composante, une composante remarquable certes, mais elle tend à capter toute l'attention que les gens sont prêts à accorder à Anders. La mégamachine (bombes atomiques comprises) est devenue notre biotope – l'utopie des machines donne à notre monde son allure chaque jour un peu plus dystopique –, elle est très certainement notre avenir proche, mais pas forcément notre destin. Anders a dit les difficultés du néoluddisme[83] : détruire la mégamachine est une autre affaire que briser des métiers à tisser. Un *kairos* a surgi dans les années 1990 – accompagné par le souhait utopique d'un « futur primitif » (John Zerzan) – que l'on a échoué à saisir[84], puis les machines ont encore gagné du terrain, un terrain désespérant. Ce *kairos* était porté par un désir d'infini :

> [...] c'est un nouveau désir d'infini qui commence seulement à naître [ces propos datent de 1956] : c'est la nostalgie sans limites du « bon vieux » temps, la nostalgie d'un monde où nous nous sentions bien dans notre finitude ; c'est le désir désespéré de se révolter contre les machines, de rejeter cette condition de titans à laquelle nous avons accédé (ou qu'on nous a imposée) du jour au lendemain, le désir de pouvoir être à nouveau des hommes, comme dans l'âge d'or d'hier – un désir au plus haut point douteux, extrêmement dangereux donc, car aussi longtemps qu'il restera un sentiment, il affaiblira celui qui l'éprouve, mais renforcera et affermira, en revanche, la position de ceux qui détiennent effectivement la toute-puissance entre leurs mains.

> Mais qui aurait pu prévoir, quand les ouvriers à domicile réduits à la famine se sont pour la première fois révoltés contre les machines qui leur faisaient concurrence, que ce qui débutait alors prendrait une telle ampleur qu'on ne

---

■ 82. La mégamachine est un concept que l'on trouve chez Lewis Mumford (*Le Mythe de la machine*, t. 1 et t. 2, Paris, Fayard, 1973 et 1974) et chez Anders. Comme le concept de « système technicien » de Jacques Ellul (*Le Système technicien*, Paris, Calmann-Lévy, 1977), il sert à penser le devenir autonome de la technique, le fait que « la légion des machines existantes tende finalement à constituer une seule et unique mégamachine et ainsi, à fonder [...] le "totalitarisme du monde des choses" » (OH2, p. 15, note). Voir aussi OH2, p. 111 *sq.* et NFE, p. 89. Sur cette question, je me permets de renvoyer à mon article « Günther Anders et l'autonomie de la technique », *Écologie et politique* 32, 2006, p. 179-196.

■ 83. On désigne sous le nom de « luddisme » le mouvement ayant abouti à une série de révoltes au cours desquelles des ouvriers anglais ont brisé des machines à tisser dans les années 1810. Des ouvriers français [révolte des canuts, à Lyon] et allemands [révolte des tisserands, en Silésie] leur ont fait écho dans les années 1840. Briser des machines au début de la révolution industrielle est une chose. Entre-temps, la technique s'est complexifiée et a débordé le secteur industriel au point de devenir notre monde, notre monde est devenu une machine (voir supra note 40) et s'opposer aujourd'hui à ce monde-machine demande de réinventer le luddisme, de jeter les bases d'un néoluddisme, c'est-à-dire de trouver comment lutter contre l'omniprésence des machines. C'est ce qu'a entrepris de faire Anders. Sur le néoluddisme, je me permets de renvoyer à mon article « Rage against the machines. Notes sur l'affect antitechnologique », dans *Écologie et politique* 61, 2020, p. 117-136.

■ 84. Je me permets de renvoyer à nouveau à mon article « Rage against the machines. Notes sur l'affect antitechnologique ».

pourrait plus le décrire qu'en se référant à la mythologie ? Car on ne peut guère formuler le désir actuel d'infini autrement qu'en parlant du « *titan qui veut désespérément redevenir homme* » [85].

On ne peut que souhaiter que ce désir d'infini s'affirme et que d'autres *kairoi* s'approchent. *L'herméneutique pronostique* telle que la pratiquent par exemple des auteurs de dystopies (comme Huxley, Orwell ou encore Lem) [86] est le symétrique de la *généalogie*. La généalogie permet d'opérer un bond en arrière jusqu'à l'origine (l'avant-hier) ; l'herméneutique pronostique permet d'opérer un bond en avant jusqu'à la fin (l'après-demain). Elle consiste à lire dans les entrailles des machines, à les torturer jusqu'à ce qu'elles avouent de quoi après-demain sera fait dans l'espoir qu'en anticipant « la ruine qui nous menace », nous pourrons entreprendre quelque chose contre elle [87]. La compréhension ou l'interprétation de la situation, c'est aussi la compréhension ou l'interprétation des opportunités néoluddites qu'elle contient. Que cette herméneutique pronostique puisse favoriser le surgissement de *kairoi*, c'est peu probable. Elle peut au mieux augmenter nos chances de ne pas les laisser passer. Elle peut aider à réveiller en nous le désir de voir surgir un nouveau *kairos*, qui nous permettrait de renouer avec notre finitude. « La probabilité d'[…]arriver [à faire quelque chose contre la ruine qui nous menace] ne me semble pas vraiment élevée, [admet Anders à la fin du tome 2 de *L'Obsolescence de l'homme*], mais, aussi longtemps qu'une impossibilité n'est pas prouvée, il reste moralement impossible de renoncer à cette tentative » [88]. Il est des dystopies qui décrivent le monde d'aujourd'hui comme le Pays de Cocagne (de la consommation, où tous les besoins sont satisfaits et où l'on nous demande même de nous en inventer de nouveaux) – les *Obsolescences* d'Anders sont de telles dystopies – et réveillent, ce faisant, le désir d'un Âge d'or (de la finitude des besoins) (OH2, 333 [89]).

Christophe David
Maître de conférences, Université Rennes 2,
EA 1279 « Histoire et critique des arts »

85. OH1, p. 267.
86. Voir OH2, p. 423.
87. Voir OH2, p. 427.
88. OH2, p. 427.
89. Je me permets de renvoyer cette fois-ci à mon article, « De l'homme utopique à l'utopie négative » dans *Mouvements* 45-46, 2006.

DOSSIER

Lieux de l'utopie

MIGUEL ABENSOUR ET LE NON-CONSENTEMENT À L'ORDRE DU MONDE

Patrice Vermeren

> L'utopie est cette disposition qui, grâce à un exercice de l'imagination, ne redoute pas, dans une société donnée, d'en transcender les limites et d'inventer ce qui est différent, le tout autre social[1].

Contre *l'éternelle utopie*, thème des conservateurs et des contre-révolutionnaires, postulant que le discours de l'utopie, identique à lui-même, revient toujours pour légitimer une société close, autoritaire et statique, négatrice de toute temporalité, et de la pluralité et de la singularité des individus, Miguel Abensour atteste de *la persistance des utopies*, recherche asymptotique, volontariste et sans cesse renouvelée d'en finir avec la domination, la servitude volontaire et l'exploitation, comme si chaque moment de lutte suscitait une nouvelle sommation utopique au non-consentement à l'ordre des choses et à la recherche d'un tout autre social, sous l'impératif d'une *conversion* qui lie indistinctement philosophie, utopie et émancipation humaine.

Pourquoi consacrer sa vie à penser l'utopie, comme si celle-ci était l'objet d'une attirance irrésistible sinon l'effet d'une loi d'attraction? Miguel Abensour répond, parlant de Pierre Leroux et de Charles Fourier aussi bien que de lui-même : en raison d'une révolte soutenue à l'encontre de la haine de l'utopie[2]. Au fondement de celle-ci, il identifie le thème de *l'éternelle utopie*, qui ferait retour obstinément pour détourner les esprits rêveurs du réalisme du possible, ou pour anticiper, mais sur un mode onirique, des vérités qui ne peuvent advenir que par la science, fût-elle celle des révolutions. Un thème

CAHIERS PHILOSOPHIQUES ▶ n° 167 / 4ᵉ trimestre 2021

1. M. Abensour, *Emmanuel Levinas, l'intrigue de l'humain. Entretiens avec Danielle Cohen-Levinas*, Paris, Hermann, 2012, p. 50.

2. M. Abensour, « La conversion utopique : l'utopie et l'éveil » [2013], *L'homme est un animal utopique*, Paris, Sens & Tonka, 2013, p. 15.

déjà présent sous ces deux formes dans les années mille huit cent quarante, la première singulièrement dans les articles de Louis Reybaud, économiste libéral, sur les réformateurs socialistes, parus en feuilleton dans la *Revue des Deux Mondes*, puis rassemblés en deux volumes qui furent couronnés par l'Académie Française (1841), ainsi que dans ses œuvres romanesques : *Jérôme Paturot à la recherche d'une position sociale* (1843), et *Jérôme Paturot à la recherche de la meilleure des Républiques* (1849) ; des livres écrits pour fustiger ceux qui parlent de progrès, mais des livres qui, comme s'ils étaient égarés dans la nuit profonde, ne font que des pas qui les ramènent à la barbarie, et sont « des démolisseurs à faire trembler, et des réformateurs pour rire »[3]. De ces écrits contre les dangers de l'utopie, Abensour dit qu'ils sont comme une préface à la répression qui va s'abattre sur l'insurrection ouvrière de juin 1848, et il évoque les propos de l'abbé Sudre, auteur d'une *Histoire du communisme ou Réfutation historique des utopies socialistes* rédigée en novembre 1848 :

> Ce livre a été écrit au milieu des agitations de la vie publique à laquelle, dans ces temps de révolution, aucun citoyen ne peut rester étranger. Plus d'une fois, tandis que son auteur recherchait dans le passé les traces des passions et des erreurs qui, naguères, menaçaient la civilisation d'un effroyable cataclysme, l'appel du tambour est venu le convier à soutenir par les armes les vérités sociales à la défense desquelles il consacrait les efforts de son intelligence[4].

Alfred Sudre va poser la plume pour prendre le fusil. La seconde forme du retour de l'éternelle utopie apparaitrait selon Abensour sous la plume d'Alphonse de Lamartine dans son *Histoire des Girondins* (1847), à propos d'un discours d'Anacharsis Cloots sur le genre humain : « Les utopies ne sont souvent que des vérités prématurées »[5]. Phrase dont le sens peut être entendu comme péjoratif, comme l'indiquent ces autres lignes de Lamartine :

> Les utopies de l'anéantissement du pouvoir et du gouvernement purement métaphysique ont produit les anarchies et les crimes de la révolution en 1793 [...], les utopies du nivellement des propriétés et du communisme social ont amené la panique, le désaveu et l'ajournement de la révolution de 1848[6].

Une autre opposition radicale du temps à l'utopie, qu'on peut ajouter à celles commentées par Miguel Abensour, serait celle de Pierre-Joseph Proudhon : « Je réfute toutes les utopies, en retournant leurs arguments : qu'y a-t-il de l'autre côté des étoiles ? Toutes les utopies découlent en ligne

■ 3. J. Simon, « Louis Reybaud », *Notices et portraits*, Paris, Calmann Lévy, 1892, p. 151.

■ 4. A. Sudre, *Histoire du communisme ou Réfutation historique des utopies socialistes*, Paris, V. Lecou, 1849, p. ii.

■ 5. A. de Lamartine, *Histoire des Girondins* , Paris, Furne et Cie-W. Coquebert, 1847, t. 3, p. 264 : « Enfin le Prussien Anacharsis Clootz [sic], philosophe errant pour semer sa doctrine sur la terre avec sa parole, sa fortune et son sang, fit entendre au nom du genre humain à l'Assemblée nationale le premier écho du 10 août dans l'âme des peuples impatients de leur servitude. Clootz poussait la passion de l'humanité jusqu'au délire. Mais ce délire était celui de l'espérance et de la régénération. Les sceptiques le trouvaient ridicules, les patriotes le trouvaient banal, les politiques l'appelaient utopiste. Les utopies ne sont souvent que des vérités prématurées. Les âmes ébranlées par la secousse du moment et fanatisées d'espérance s'ouvraient aux perspectives les plus idéales. Le philosophe fut écouté avec complaisance, et les idées consolantes qu'il faisait briller comme un arc en ciel sur cet horizon de sang suspendirent, quelques instants, la lutte des partis et la hache des assassins ».

■ 6. A. de Lamartine, *Vie des grands hommes*, IV, Paris, Aux bureaux du Constitutionnel, 1855, p. 206.

droite des idées religieuses : de sorte que s'imaginer les combattre avec les idées religieuses, c'est les aviver sans cesse »[7].

Cette haine de l'utopie comme vouée à l'impuissance et à l'échec par son irréalisme, et se traduisant par la répression féroce de juin 1848 avant celle de la Semaine sanglante de la Commune de Paris en mai 1871, resurgit éternellement, et encore à la fin du XXe siècle mais selon Abensour dans la confusion : la critique du totalitarisme qui est son sol de référence ne vient pas du libéralisme, mais de la condamnation par la gauche allemande du bolchévisme, comme inversion de la politique d'émancipation. L'URSS s'est attachée à enterrer le cadavre de l'utopie et à détruire toute forme d'altérité utopique (les conseils, les jardins d'enfants, la liberté sexuelle) sous l'effet de la domination du parti bolchévique. Les années 1980, de l'usage fait de *L'Archipel du Goulag* de Soljenitsyne par les nouveaux philosophes à la relecture de la révolution française par François Furet comme non-événement, nous condamnent « à vivre dans le monde où nous vivons »[8].

Utopianiser Marx?

Mais tout aussi bien le retour de l'éternelle utopie a-t-il pris la forme de la prévision historique. Lorsque Miguel Abensour commence à écrire sa thèse de doctorat en 1965, qui a pour sous-titre *Essai sur le communisme critique et l'utopie*, l'utopie semble vivre son crépuscule plutôt du côté de l'annonce de la science à venir : pour Althusser et les Althussériens, elle a la fonction d'un obstacle épistémologique au développement de la théorie marxiste, et pour destin de s'éteindre comme toutes les idéologies préscientifiques. Contre cette lecture de Marx, qui a pour précurseur Engels jetant le discrédit sur l'utopie dans *Socialisme utopique et socialisme scientifique* (1882), ou plutôt Auguste Comte et son opposition science/utopie formulée lors d'un conflit avec les saints-simoniens en 1832[9], Abensour soutient que la théorie de Marx, loin de sceller le cercueil de l'utopie, a projeté l'énergie de celle-ci dans le mouvement réel du communisme comme « principe énergétique du futur prochain »[10]. Remuant – selon son expression – les textes des commentateurs non-autorisés de Marx (Antonio Labriola, Karl Korsch, Maximilien Rubel), Abensour rejette l'idée d'une relation d'exclusion pour y substituer celle d'une critique révolutionnaire qui conserve un caractère proprement utopique : le communisme critique porte en lui l'exigence et l'anticipation des formes d'une positivité nouvelle, il y aurait chez Marx un double sauvetage par transfert de l'utopie : 1) » un sauvetage de l'orientation utopique vers le futur par transfert à l'intérieur d'une forme moniste reprise de Hegel mais simultanément soumise à une profonde transformation », et 2) « un sauvetage de la tendance à l'altérité propre à l'utopie par réinsertion dans une théorie dialectique, expression de l'ensemble du mouvement qui

■ 7. P. J. Proudhon, *Carnets*, Paris, M. Rivière et Cie, 1968, t. 3, p. 374.
■ 8. F. Furet, *Le passé d'une illusion*, Paris, Robert Laffont-Calmann Lévy, 1995, p. 572. Voir « Persistance de l'utopie. Entretien avec Miguel Abensour ». Entretien réalisé par S. Wahnich, *Vacarme* 53, 2010/4, p. 34.
■ 9. Lettre d'A. Comte, *Le Globe*, 13 janvier 1832.
■ 10. M. Abensour, *Les Formes de l'utopie socialiste-communiste*, Thèse d'État, sous la direction de C. Eisenmann puis de G. Deleuze, Université Paris 1, 1973, t. 2, p. 250 *sq.* ; *La communauté politique des « tous uns »*, Paris, Les Belles Lettres, 2014, p. 297.

tend à l'hétérogénéité radicale du communisme »[11]. Utopianiser Marx? Il conviendrait de rappeler que Marx, par-delà le socialisme et la prévision scientifiques dans lesquels il s'embourbe, procède de l'élan utopique auquel il n'est pas étranger, et que la prévision morphologique du communisme est proche de la prévision sympathique des utopistes quant à la

> sensibilité aux choses politiques, entendues comme mise en rapport d'un objet commun, le monde à transformer, et d'une pluralité d'êtres sensibles et parlants, qu'on la conçoive dans la classe la plus nombreuse et la plus pauvre où loge le désir d'un ailleurs où pourrait prendre consistance la « volonté de bonheur » ou dans la classe prolétarienne dont l'état d'aliénation la motive à viser par-delà le capital l'établissement d'un rapport actif, vivant, avec le monde objectif[12].

Abensour invitant à redécouvrir l'œuvre de Marx comme œuvre de pensée, avec ses ambiguïtés, ses contradictions, son inachèvement, ses opacités, rappelle cette phrase d'Adorno : « Ils (Marx, Engels) étaient ennemis de l'utopie, dans l'intérêt même de sa réalisation »[13].

L'Aurore du socialisme jugée par le style barbare en philosophie

Contre l'*éternelle utopie*, thème des conservateurs et des contre-révolutionnaires, qui est au fondement de la haine de l'utopie, des années 1840 jusqu'aux nouveaux philosophes post-soixante-huitards, assimilant l'utopie au goulag (comme si le texte utopique se répétait identique à lui-même, produisant les mêmes effets : une société close, autoritaire, statique, négatrice de la temporalité, faisant violence à la condition de la pluralité et à la singularité des individus)[14], Miguel Abensour atteste de *la persistance de l'utopie* dans l'histoire, renaissant après chaque échec des rêves d'émancipation et des batailles contre la servitude et l'exploitation, comme si chaque moment de lutte suscitait une nouvelle sommation utopique au non-consentement à l'ordre des choses et à la recherche d'une altérité radicale. Mais au sens propre et au singulier il n'y a pas *d'éternelle utopie*, identique à elle-même, il n'y a qu'une haine éternelle de l'utopie ; car l'utopie est en réalité plurielle, et de cette pluralité on peut tout au plus dresser une taxinomie provisoire. Abensour s'y emploie dès sa thèse de doctorat, en distinguant : 1) le socialisme utopique, soit « l'Aurore du socialisme » selon l'expression de Pierre Leroux[15], « à beaucoup d'égards révolutionnaire » selon Karl Marx et Friedrich Engels, et dont les représentants autorisés sont Saint-Simon, Charles Fourier et Robert Owen, qui prôneraient l'association

■ 11. Pour les deux citations, M. Abensour, « Marx, quelle critique de l'utopie ? » [1992], *L'histoire de l'utopie et le destin de la critique, Utopiques IV*, Paris, Sens & Tonka, 2016 p. 89 ; voir P. Vermeren, *Penser contre. Essais sur la philosophie critique de Miguel Abensour*, Paris, Sens & Tonka, 2019, p. 119 sq.

■ 12. G. Labelle, *L'écart absolu : Miguel Abensour*, Paris, Sens & Tonka, 2019, p. 226.

■ 13. T. W. Adorno, *Dialectique négative*, trad. fr. groupe de traduction du Collège de philosophie, Paris, Payot, 1978, p. 252, cité par M. Abensour, « Marx : quelle critique de l'utopie ? » (1992), *L'histoire de l'utopie et le destin de sa critique, Utopiques IV*, Paris, Sens & Tonka, 2016, p. 82.

■ 14. M. Abensour, « Persistante utopie », *Mortibus 1*, 2006, repris dans *L'homme est un animal utopique, Utopiques II, op. cit.*, p. 163.

■ 15. P. Leroux, « Lettre au docteur Deville » [1858], dans M. Abensour, « Pierre Leroux et l'utopie socialiste », *Le procès des maîtres rêveurs, Utopiques I*, Paris, Sens & Tonka, 2013, p. 137-171.

contre toute forme de domination ; 2) le néo-utopisme, qui procéderait d'une conciliation entre socialisme utopique et idées dominantes, ou mouvement communiste et idées de la classe dominante : soit la réduction de l'écart constitutif de l'utopie ; 3) le nouvel esprit utopique, venant après 1848, qu'il soit à développement autonome (Joseph Dejacque, Ernest Cœurderoy) ou critique (William Morris, Ernst Bloch, Walter Benjamin) [16].

Et ce nouvel esprit utopique semble bien trouver sa source en deçà de 1848, dans l'œuvre de Pierre Leroux, figure méconnue dont Abensour aura invoqué toute sa vie les textes propitiatoires (*propicios*, dit Horacio Gonzalez : « qui conviennent le mieux ») pour mieux faire discerner par leurs lecteurs les mécanismes et le fonctionnement de l'utopie : des textes « qui sont des preuves en acte d'un sentiment utopique : si utopie il y a, c'est parce qu'il y a une lecture des textes faisant appel à leurs lignes de fuite, à leurs noyaux sans cesse irrésolus » [17]. Contre Hegel et Fourier, qui pour des raisons opposées, séparent la philosophie de l'utopie, Leroux est un philosophe utopiste, écrit Abensour, parce qu'il est « de ceux qui décident qu'une grande philosophie conduit nécessairement à l'utopie » [18]. Contre l'éclectique Victor Cousin, un savant sans tradition et sans but, Leroux se positionne comme utopiste, reconnaissable à deux signes : l'écart absolu et la « folie de l'avenir ». Leroux fait échapper l'utopie à l'écrasement qui la ramène à n'être qu'un mode de la prévision scientifique :

> Du même coup, il permet de s'interroger sur les pratiques symboliques qui constituent l'utopie, qui ont pour objet de « faire entendre » au lieu de dire, de faire désigner au lieu de démontrer, et qui sont autant d'essais utopiques de communication déjà libérée des stigmates du passé et de la violence du présent ; l'utopie fait signe vers un « autrement que savoir » [...] [19].

Miguel Abensour y revient treize ans plus tard dans son premier séminaire au Collège international de philosophie, s'interrogeant sur le mode de philosopher de Pierre Leroux, incluant tant la question de la posture philosophique que celle du style et du ton en philosophie, comme s'il s'agissait d'un style barbare, posant par anticipation la question – attribuée à Merleau-Ponty – des rapports de la philosophie à la non-philosophie [20]. Pour conclure que par l'utopie socialiste, 1) Leroux donne vie, passion et mouvement à la philosophie, la transformant en religion de l'Humanité : « Tout ce que nous dirons aux philosophes aura pour but de leur prouver que le temps de la philosophie est passé et que le temps de la religion est venu » écrit Leroux dans *Aux philosophes* (Septembre 1831) ; mais il faut entendre, selon Abensour, que sa philosophie de l'Humanité « n'aboutit pas nécessairement à une sortie ou à une dénégation du politique au profit du religieux puisque, sous certaines

16. M. Abensour, « L'histoire de l'utopie et le destin de sa critique » [1974], *L'histoire de l'utopie et le destin de sa critique, Utopiques III, op. cit.*, p. 39-78.

17. H. Gonzalez, « Le processus de libération des textes », dans A. Kupiec et E. Tassin (dir.), *Critique de la politique. Autour de Miguel Abensour*, Paris, Sens & Tonka, 2006, p. 31-32.

18. M. Abensour, « Pierre Leroux et l'utopie socialiste », suivi de la « Lettre au Dr Deville » [1972], *Le procès des maîtres rêveurs, Utopiques I*, Paris, Sens & Tonka, 2013, p. 98.

19. *Ibid.* p. 129.

20. M. Abensour, « Philosophie politique et socialisme : Pierre Leroux ou du style barbare en philosophie » [1985], *Utopiques I, ibid.* p. 185.

conditions, elle peut conduire à penser les manifestations de la vie dans le champ politique – cité, État, république – en rapport avec l'invisible qui les hante, qui ne cesse d'y intervenir, avec cet être à l'état de latence, l'infini-humanité »[21]. 2) en faisant intervenir la philosophie, « science de la vie », Leroux élabore la synthèse de l'utopie socialiste :

> Par cette ouverture philosophique, Leroux convient d'orienter le socialisme vers une émancipation intégrale, au sens d'une libération plurielle. Leroux philosophe révèle les utopistes à eux-mêmes ; il pratique à leur endroit une herméneutique créatrice, inspirée, qui, soucieuse de ressaisir la parole de désir qui les anime, consisterait à les porter au-delà de leurs limites, à leur faire penser ce qu'ils n'osent pas penser[22].

Dans un troisième texte, sur l'affaire Schelling, soit la controverse née du retour du vieux Schelling sur la scène philosophique allemande, une reprise de ses cours célébrée par Leroux à l'étonnement des jeunes hégéliens et des hégéliens de gauche, Abensour ne voit pas seulement dans le parti-pris de Leroux la dimension politique proprement philosophique d'une opposition à Victor Cousin, « le singe de Hegel » en France, mais aussi la recherche d'une altérité qui se constitue dans un espace indéterminé entre l'utopie et la religion, incitant la philosophie à se transformer en une religion nouvelle[23]. Contrairement à tous ceux qui, de Marx et Engels à Proudhon et Guyau, et dans la tradition socialiste, situent le caractère religieux des utopies comme une forme inférieure et éphémère de l'émancipation, et ceux qui, tel Paul Bénichou et les libéraux, considèrent qu'il conduit nécessairement à une politique autoritaire, culminant dans un accomplissement total de l'humanité, une sorte de société réunifiée (« à contre-courant de la liberté des modernes et engageant l'histoire dans des voies autoritaires et régressives »[24]), Miguel Abensour laisse ouverte la question du but que ces utopies assignent à la philosophie : celui du destin de l'espèce humaine[25].

Le guetteur de rêves et la révolution

Pierre Leroux est mort le 12 avril 1871 :

> La Commune (de Paris) décide l'envoi de deux de ses membres aux funérailles de Pierre Leroux, après avoir déclaré qu'elle rendait cet hommage, non au philosophe partisan de l'école mystique dont nous portons la peine aujourd'hui, mais à l'homme politique qui, le lendemain des journées de juin, a pris courageusement la défense des vaincus[26].

21. M. Abensour, postface à Pierre Leroux : *Aux philosophes, aux artistes, aux politiques*, Paris, Payot, 1994 p. 309.

22. M. Abensour, « Le procès des maîtres rêveurs » [1978], *Utopiques I, op. cit.* p. 190.

23. M. Abensour, « L'affaire Schelling. Une controverse entre Pierre Leroux et les jeunes hégéliens » [1991], dans *Utopiques I, op. cit.* p. 199.

24. M. Abensour, « L'utopie socialiste : une nouvelle alliance de la politique et de la religion » [1981], *L'homme est un animal politique, Utopiques II, op. cit.* p. 107.

25. L. Rey, *Les enjeux de l'histoire de la philosophie en France au XIXᵉ siècle. Pierre Leroux contre Victor Cousin.* Paris, L'Harmattan, 2012 p. 353 ; G. Navet, *Pierre Leroux, Politique, socialisme et philosophie*, Paris, Publications de la Société P. J. Proudhon, 1994, et l'article « Leroux » dans M. Riot-Sarcey, T. Bouchet et A. Picon (dir.), *Dictionnaire des utopies*, Paris, Larousse 2002, p. 130.

26. Proposition du citoyen Tridon à la séance de La Commune de Paris du 13 avril 1871, l'*Opinion Nationale* du 16 avril 1871.

Blanqui – qui avait écrit que « Leroux semblait être un astre quelque peu égaré au milieu de cette ambitieuse constellation »[27]des monarchistes libéraux et des libéralistes économiques qui tenaient plume dans le journal *Le Globe* en 1830, et dont le respect à son égard ne fit qu'augmenter avec les années -, n'a pas ces scrupules. Il écrit à Ranc, avec lequel il avait partagé la prison en 1852, et qui était encore ce jour (le 3 avril 1871) représentant du IXe arrondissement à la Commune de Paris :

> Cher ami, Pierre Leroux est gravement atteint de paralysie. L'éminent philosophe va laisser éparpiller des trésors d'esprit, d'éloquence, d'érudition. J'admirais surtout sa critique de l'éclectisme, cette école de lâcheté intellectuelle et morale[28].

Un Blanqui qui est l'autre figure emblématique du nouvel esprit utopique selon Abensour, lequel s'interroge sur l'héroïsme anti-héroïque comme forme paradoxale d'héroïsme postrévolutionaire : « Le principe de l'héroïsme anti-héroïque peut se formuler en termes pascaliens : le véritable héroïsme se moque de l'héroïsme. Entendons que des acteurs historiques peu favorables à l'héroïsme auquel ils reprochent le goût de la pose ou de la posture (…) peuvent néanmoins accomplir des actes héroïques quand nécessité fait loi », écrit Miguel Abensour, qui range dans cette catégorie Danton, Gilbert Romme et Julien Sorel[29]. Car Blanqui n'est pas seulement le blanquisme, cette image de lui-même qui ne retient que l'apologie de la barricade et de la conspiration du petit nombre. Gilles Labelle développe une relecture du texte de Blanqui lu par Miguel Abensour – *De l'éternité par les astres* – qui la redouble mais est en même temps une analyse originale, aboutissant à montrer comment Blanqui vise à susciter le réveil :

> Plutôt que de céder, s'avouant finalement vaincu, à la fantasmagorie bourgeoise d'une répétition éternelle, Blanqui viserait à susciter un choc chez le lecteur en l'installant dans une posture où il devrait s'imaginer habitant un univers configuré comme si le Même le gouvernait tout entier, un univers absurde et effrayant[30].

Et Gilles Labelle relève deux motifs. D'abord :

> Être éveillé consisterait à habiter le monde comme si la singularité des formes était constamment sur le point d'être avalée par la logique du Même, *comme si*, pour reprendre et pousser jusqu'au bout une intuition de Walter Benjamin, une « catastrophe en permanence » planait sur le monde, menaçant de l'engloutir dans un « temps homogène et libre », synonyme d'une aliénation achevée[31].

Ensuite l'héroïsme pourrait exiger une sobriété en accord avec l'expérience du deuil des formes immuables que fait l'humanité, « encore que l'on

27. Bibliothèque Nationale de France, Manuscrits Blanqui, 9581, f. 179.
28. A. Ranc, *Souvenirs, correspondance*, Paris, 1913 p. 197, et P. Vermeren, *Le philosophe communeux. Napoléon La Cécilia, néokantien, philologue et général de la Commune de Paris*, Paris, L'Harmattan, 2021 p. 21.
29. M. Abensour, « *Le Rouge et le Noir* à l'ombre de 1793 ? » [2006], *La lumière et la boue*, Paris, Sens & Tonka, 2019, p. 107.
30. G. Labelle, *L'écart absolu : Miguel Abensour, op. cit.* p. 91. Voir P. Vermeren, « À propos du livre de Gilles Labelle, *L'écart absolu : Miguel Abensour*, Paris, Sens & Tonka 2019 », *Le Télémaque* 58, 2020.
31. *Ibid.*,p. 93.

pourrait s'interroger : une vie menée comme si on se trouvait devant une "catastrophe en permanence" ne définit-elle pas un "état d'exception" » ? Peut-on parler d'un dandysme de Blanqui comme posture « d'un certain nombre d'extravagants, minorité agissante d'une aristocratie organisée en société secrète, plutôt que du grand nombre » ? Il n'est pas possible de restituer ici la subtile argumentation de Françoise Coblence lisant Blanqui, Benjamin et Baudelaire, montrant comment le dandysme peut ouvrir une autre voie que celle de la résignation : celle de l'héroïsme [32]. On remarquera en tous cas l'usage répété du « *comme si* » dans l'analyse de Gilles Labelle, se faisant sur ce point l'écho de la langue de Miguel Abensour (« Encore que l'on pourrait s'interroger : une vie *comme si* on se trouvait placés devant une « catastrophe en permanence un état d'exception ? » [33]). Jacques Derrida, dans un autre contexte, donne au « comme si » le statut de répondre à une ou plusieurs des possibilités ci-après : « Que faisons-nous quand nous disons "comme si" ? », demande Jacques Derrida :

> a) Nous nous abandonnons à l'arbitraire, au rêve, à l'imagination, à l'hypothèse ou à l'utopie – certes, mais pas seulement. b) Nous mettons en œuvre certains types de jugements comme le jugement réfléchissant de Kant, qui « fait trembler » l'opposition entre la nature et la liberté. c) Et en outre, dans l'université, les arts ou la littérature, nous produisons des « œuvres » [...]. C'est cette troisième dimension du « comme si » qui intéresse particulièrement Derrida, c'est celle-là dont l'importance est, pour lui, « sans limite ». De quoi s'agit-il ? D'un événement, un événement véritable, digne de ce nom, qui fait irruption sans prévenir, sans s'inscrire dans aucun horizon ni anticipation possibles. Cet événement ressemble à un acte performatif (car l'acte performatif, lui aussi, est un « comme si » [34].

Ne peut-on rapprocher l'usage du « comme si » chez Gilles Labelle, dans sa lecture de Miguel Abensour lisant Blanqui, de celui qu'en fait Derrida ? Le fameux point sur lequel se tiendrait Blanqui, *comme si* le Même gouvernait le monde et la catastrophe était inévitable, n'est-il pas justement ce qui lui permet d'échapper à la résignation sans espoir de la fantasmagorie de la répétition propre à la modernité (soit la projection dans le cosmos de l'enfer de l'éternel retour du Même, donné comme l'essence de la modernité), en préservant la possibilité de la rupture, du réveil de l'utopie débarrassée du mythe, et de la persistance de la révolution ?

Gilles Labelle revient ensuite sur Blanqui, déjà évoqué à propos du paradoxe du héros révolutionnaire, comme figure du nouvel esprit utopique. Voici maintenant ce Janus biface confronté plutôt à l'énigme de l'utopie, et comme souvent chez Abensour, il y a l'idée que sa réputation sulfureuse le laisse méconnu dans l'opération de sauvetage qu'il opérerait du noyau valable

---

■ 32. Voir F. Coblence, *Le dandysme, obligation d'incertitude*, Paris, P.U.F., 1988 p. 276 sq. Sur les habits et les gants noirs de Blanqui, voir W. Benjamin, *Charles Baudelaire. Un poète lyrique à l'apogée du capitalisme*, préface et trad. fr. J. Lacoste, Paris, Payot, 1982 p. 30 sq.

■ 33. G. Labelle, *L'écart absolu : Miguel Abensour, op. cit.*, p. 95.

■ 34. P. Delain, *Les mots de Jacques Derrida*, Éditions Guilgual, 2013, https://www.idixa.net/Pixa/pagixa-1110150901.html. Voir aussi J. Derrida, *L'Université sans condition*, Paris, Galilée, 2001 p. 27 sq., et P. Macherey, « La profession de foi de Derrida », *La Philosophie au sens large*, séminaire du 1ᵉʳ décembre 2009.

de l'utopie, à l'instar de Marx. L'opération de sauvetage par transfert, on l'a vu, est un concept de Karl Korsch naturalisé abensourien dans sa thèse de doctorat. Question d'écart de nouveau et toujours, puisqu'il s'agit pour l'idéologie dominante selon Blanqui de proscrire toute distance entre un mot et sa signification, confinant l'avenir du réel à la répétition de l'existant, et au contraire pour Blanqui de préserver la proposition utopique comme propédeutique à la transformation sociale, révolutionnaire et socialiste, sous condition de comparaître devant le tribunal du mouvement réel de celle-ci. Après 1848, Blanqui serait celui qui s'emploie à condamner les plans de transformation sociale *in abstracto*, pour mieux opérer un sauvetage de l'utopie par transfert sur le terrain de la révolution. Comme Abensour le dira de Marx, Blanqui lui aussi ne critique pas l'utopie pour son excès, mais pour son manque de radicalité.

Le cénotaphe de Baudelaire

Dans la postface qu'il rédige avec Valentin Pélosse pour leur édition de *Instructions pour une prise d'armes* et pour *L'éternité par les astres* (1973), Abensour reprend le chapitre v de la seconde partie de sa thèse, faisant de Blanqui un critique révolutionnaire de l'utopie en trois moments : se démarquant de la critique conservatrice de l'utopie, articulant sa propre critique à une critique historique ou à une critique de classe, préservant l'utopie pour mieux l'insérer dans le mouvement pratique. Il s'agit de montrer que ni dans sa jeunesse, ni en 1848, ni après l'échec de la révolution, Blanqui n'a abandonné ces trois moments de la critique révolutionnaire des utopies, jouant de l'utopie contre l'utopie. Mais si l'on peut reconnaître en lui la permanence de la révolution, la vision qu'il en a procède d'abord de la démolition : Blanqui conçoit l'histoire sous la forme du saut et de la césure, de là son mépris pour le positivisme. Abensour réfère ici implicitement à Nietzsche, et explicitement à Walter Benjamin : Blanqui permet à Benjamin de conforter sa propre critique du progrès, parce que le combat de Blanqui et de sa voix d'airain contre l'injustice passée et présente requiert la volonté d'en finir avec celle-ci, plutôt que d'épouser une foi dans le progrès qu'il tourne en dérision. Mais Blanqui est aussi celui qui, ayant dénoncé le mythe moderne de la répétition, finit par s'y abandonner par le recours à une astronomie qui certes démythifie le ciel, mais témoigne dans le même geste de l'impossibilité pour l'homme de changer le cours des choses au regard de l'immutabilité de l'ordre de l'univers [35].

Pour Abensour, *L'Éternité par les astres* n'est pas l'œuvre du ressentiment. On pourrait prétendre que Abensour radicalise Blanqui en le lisant à la lumière de Nietzsche, en le faisant plus blanquiste que Blanqui, à l'image de Françoise Proust pour laquelle Benjamin cherche à délivrer la vérité de Nietzsche en se faisant plus nietzschéen que lui. Pour F. Proust, il faut distinguer entre trois conceptions de l'éternel retour : l'héroïsme de Baudelaire, où l'accent porte sur le nouveau qu'un effort héroïque arrache à l'éternel retour du même, et

---

■ 35. M. Abensour et V. Pelosse, *Libérer l'Enfermé* [1972], Paris, Sens & Tonka, 2014. D'après une lettre de Horkheimer à W. Benjamin du 16 janvier 1938, W. Benjamin a découvert Blanqui tardivement, en 1937.

celui de Nietzsche, où l'accent est mis sur l'éternel retour auquel l'homme fait face héroïquement, parce que pour lui rien de nouveau n'arrive. À quoi s'ajoute Blanqui, pour qui le retour est « la projection dans le cosmos de l'éternel retour du même, c'est-à-dire la réplique d'une vision de l'univers comme enfer ». Pour Abensour, ce dernier, par le recours qu'il fait à la pensée de l'écart, transcende la répétition historique (répétition de la répression, de son langage, de la révolution avortée, des générations et de la mystification républicaine, de la prison) par la vision de la répétition dans l'espace infini de la vie universelle.

> **Miguel Abensour atteste de la persistance de l'utopie dans l'histoire.**

Dix ans plus tard, Abensour revient sur ce thème, décrivant les trois figures de Blanqui, Baudelaire et Nietzsche dans leur relation complexe chez Benjamin : l'effort héroïque de Baudelaire pour arracher le nouveau à l'éternel retour du même, le calme héroïque de l'acceptation chez Nietzsche, la résignation de Blanqui, en cela plus proche de Nietzsche que de Baudelaire, en dépit des propres déclarations de Blanqui. Abensour écrira que ses propos à lui, dans *Les passages Blanqui. Walter Benjamin et Paris* [36], sont exactement l'inverse de ceux qu'il tenait en 1973 : non plus découvrir Blanqui sous le regard de Benjamin, mais percevoir ce qui dans l'œuvre de Benjamin est en rapport avec la présence soudaine insistante de Blanqui. Au bout du compte, la position d'Abensour, portant son attention sur la proximité Nietzsche-Blanqui, n'est-elle pas de sauver Blanqui de lui-même ? De réfuter la critique qu'en faisait Benjamin, lequel considérait que l'hypothèse de la répétition aurait finalement pris le pas chez Blanqui sur celle de la révolution, érigeant la catastrophe en dogme ontologique là où elle avait le statut d'un « comme si », et aboutissant à une résignation sans espoir ? Pour arracher Blanqui à Blanqui, il aurait fallu la ruse de Benjamin – passer du dogme de la répétition à l'hypothèse du « comme si » –, intérioriser l'hypothèse de la catastrophe en permanence de sorte qu'elle préserve la possibilité de la rupture, et stimule au réveil de l'utopie, c'est-à-dire, sous condition que l'utopie rejette la part du mythe qui la menace, à la révolution [37]. Avec en écho cette phrase de Françoise Proust, mise en exergue de *Walter Benjamin. Le guetteur de rêve* par Miguel Abensour :

> Concéder sur l'utopie, c'est céder sur le vœu fou et inconditionné d'en finir une fois pour toutes avec l'injustice présente, c'est céder sur l'inextinguible soif de justice et sur son exigence maintenant [38].

Une Françoise Proust qui cite Walter Benjamin écrivant de Baudelaire, poète d'une époque totalement désenchantée : « il a décrit le prix que l'homme

---

■ 36. M. Abensour, *Les passages Blanqui. Walter Benjamin entre mélancolie et révolution*, Paris, Sens & Tonka, 2013 (il y a à l'origine de ce texte deux versions successives : en 1984 dans la revue *Passé-Présent* 4 p. 71 *sq.* ; en 1986 dans le volume *Walter Benjamin et Paris*, publié au Cerf et dirigé par H. Wismann).

■ 37. Voir M. Abensour, « L'utopie, une nécessaire technique du réveil », *L'Atlas des utopies*, Paris, Le Monde, hors série, 2013 p. 9.

■ 38. F. Proust citée par M. Abensour, « Walter Benjamin. Le guetteur de rêve », *L'utopie de Thomas More à Walter Benjamin, Utopiques III*, Paris, Sens & Tonka, 2000 p. 65.

moderne doit payer pour sa sensation de l'effondrement de l'aura dans le vécu du choc. La connivence de Baudelaire avec cette aura lui a coûté cher. Mais c'est la loi de sa poésie, de cette poésie qui se tient au ciel du Second empire comme un "astre sans atmosphère" »[39], et elle remarque que l'expression « astre sans atmosphère » est empruntée aux *Considérations intempestives* de Nietzsche. La modernité est simultanément un danger et une chance pour l'aura des œuvres et des évènements. Ne pourrait-on rapprocher cette considération d'une autre, lorsque plus loin dans le même livre, Françoise Proust évoque l'utopie comme équivoque, écartelée entre le vœu d'en finir avec un présent, indépendamment de toute représentation historique, et la foi, propre également aux mythologies du progrès, en l'avenir ? Étant réactionnaire et révolutionnaire en même temps, l'utopie n'est ni l'une ni l'autre :

> Saisie à l'arrêt, immobilisée et suspendue dans le moment de son apparition, l'image utopique est la présentation et la vision des vœux à l'état de vœux. Elle est l'exaucement arrêté des vœux. À ce titre, elle n'appartient ni au passé le plus lointain, ni au futur le plus éloigné : elle est là maintenant, juste maintenant, elle arrive de manière imminente et dans un souffle, à chaque fois que l'histoire offre aux vœux jusque là inexaucés une chance fugitive de se réaliser[40].

Et F. Proust remarque ici que la formule « utopie à l'arrêt » est judicieusement utilisée par Miguel Abensour dans « Penser l'utopie autrement »[41].

Ne pourrait-on, pour penser le recours de Miguel Abensour à Baudelaire pour sauver Blanqui, risquer l'image du cénotaphe érigé au cimetière Montparnasse pour célébrer l'auteur des *Fleurs du mal* : comme s'il pouvait exister un tombeau de Blanqui qui ne contiendrait pas les os du défunt, un monument en l'occurrence à l'Utopie, mais sans qu'aucune définition univoque préalable du concept de celle-ci puisse être donnée, sans qu'un corps de l'Utopie n'habite le tombeau, sans qu'un texte puisse en figer le dispositif spéculatif ? À savoir l'idée de continuer sans relâche le mouvement de l'utopie, soit par la création de nouvelles figures, soit par l'invention de nouveaux gestes spéculatifs : « seule une pensée de l'utopie qui se fait violence à elle-même, qui inclut dans son mouvement la critique de l'utopie, a la dureté nécessaire pour procéder à une destruction des mythes qui minent l'utopie. C'est à ce niveau que le nouvel esprit utopique atteint une consistance philosophique nouvelle », écrit Abensour. « [...] Au nouvel esprit utopique revient d'intervenir dans cette dialectique de l'émancipation (mouvement paradoxal par lequel l'émancipation se renverse en son contraire) afin d'en contrarier le mouvement et de briser le cercle de la répétition »[42].

■ 39. W. Benjamin, *Charles Baudelaire, un poète lyrique à l'époque du capitalisme*, trad. fr. J. Lacoste, Paris, Payot, 1982, p. 207-208.
■ 40. F. Proust, *L'histoire à contretemps. Le temps historique chez Walter Benjamin*, Paris, Cerf, 1994 p. 123.
■ 41. M. Abensour, « Penser l'utopie autrement », *Cahiers de l'Herne*, numéro spécial *Levinas*, 1992, p. 490. On retrouve l'article (qui date de 1991) dans *Levinas*, édition établie par A. Kupiec et H. Tonka, Paris, Sens & Tonka, 2021.
■ 42. M. Abensour, « L'utopie, au risque de l'incandescence », entretien avec F. Périer, *Europe* 985, mai 2011, p. 331.

L'homme comme animal utopique

Pour déterminer les foyers de la *persistante utopie*, resurgissant « *comme si* dans l'utopie se réfugiait la résistance de l'humain », Miguel Abensour fait appel à deux auteurs : Ernst Bloch et Emmanuel Levinas, qui attestent tous deux de la permanence, dans l'économie humaine, d'un irrépressible désir de liberté et d'une lutte multiséculaire contre l'inégalité. Chez le premier, il décèle la théorisation d'un foyer ontologique : dans la mesure où l'Être est pensé à la fois comme processus et inachèvement, l'utopie et sa persistance seraient inscrites dans l'économie même de l'Être. Dans son « ontologie du ne Pas encore », Bloch, comme l'a bien vu Laennec Hurbon, met à contribution la catégorie du possible à trois niveaux : le possible formel, le possible probable, le possible objectif-réel, ce troisième possible s'entendant comme possible dialectique « permettant de dépasser l'antinomie entre sujet et objet et de rendre compte, d'un côté, de l'ancrage de l'utopie dans la matière (pour ne la livrer ni au subjectivisme, ni à l'idéalisme) – la réalité toujours processuale est ouverture à l'avenir –, et de l'autre du facteur indispensable de l'intervention humaine : celle-ci est refus du destin, volonté de dépassement des obstacles, médiation entre le possible et la réalisation du possible » [43]. Abensour commente longuement les textes de Bloch, singulièrement *Le Principe Espérance*, pour montrer que c'est dans l'inachèvement de l'Être (le Pas encore Être) que l'utopie trouverait la source de sa persistance, et dans la tension vers le futur son principe le plus certain. L'utopie saisie par cette tension ontologique entre inachèvement présent et achèvement à venir renaît ainsi sans cesse de ses cendres : « Le Pas en tant que Pas encore en processus fait donc de l'utopie l'état réel de l'inaccomplissement, de l'essence encore fragmentale dans tous les objets » [44]. Dans cet écart avec l'achèvement réside le secret de la persistance de l'utopie.

Une position anti-heideggerienne qui passe par la considération de la faim qui est un « Pas avoir » et en même temps un mouvement hors de ce « Pas avoir », vers un avoir, tandis que le Dasein heideggerien ne connaît pas la faim, ainsi que le remarque Levinas, ce qui le rapproche de Bloch, pour qui la faim est un stimulus déterminant de la condition humaine. « Ernst Bloch invite à penser la mort à partir du temps, et non pas comme Heidegger à penser le temps à partir de la mort » [45]. Penser la mort à travers le temps, c'est-à-dire à travers la tension utopique entre le monde inachevé présent et le monde achevé à venir.

Une autre manière que l'ontologie, pour rendre compte de la persistance de l'utopie, serait celle d'Emmanuel Levinas, du côté du rapport à autrui et dans l'irréductibilité de la rencontre, où l'utopie serait le surgissement de l'humain, autrement qu'être, découverte d'un non-lieu qui doublerait tout lieu : « À l'utopisme comme reproche (…) ce livre échappe en rappelant que ce

■ 43. L. Hurbon, *Ernst Bloch. Utopie et espérance*, Paris, Cerf, 1974, p. 81.
■ 44. E. Bloch, *Le Principe Espérance*, Paris, Gallimard, 1976, t. 1 p. 367 *sq.*, cité par M. Abensour, « Persistante utopie » [2006], *L'homme est un animal utopique*, op. cit. p. 166-169.
■ 45. M. Abensour, *La communauté politique des « tous uns »*, op. cit. p. 355.

qui eut humainement lieu n'a jamais pu rester enfermé dans ce lieu »[46], écrit Lévinas. Si la relation avec autrui échappe à l'ontologie, l'utopie n'est pas de l'ordre du savoir, elle est une pensée « autrement que savoir ». Le fait de la rencontre est commun à l'utopie et à l'éthique, et l'utopie est découverte d'un non-lieu, une sortie de l'Être en tant qu'Être, un surgissement de l'humain non comme conquête ou retour chez soi, mais découverte d'un non-lieu. Si la relation à autrui n'est pas ontologie, mais utopie au-delà de l'utopie, l'homme serait alors un animal utopique. Abensour peut dès lors douter que la position ontologique de Bloch et la position éthique de Lévinas puissent être réellement une alternative, et rapprocher les deux gestes spéculatifs :

L'opposition blochienne homme/Être, geste intellectuel remarquable selon Lévinas, ouvre donc une alternative pour penser la persistance de l'utopie. Soit que l'utopie s'alimente au foyer de l'Être inachevé, inaccompli, soit qu'elle naisse et renaisse de l'humain même, du souci pour l'autre homme et du mouvement qu'il engendre vers l'utopie. Mais sommes-nous vraiment en présence d'une alternative ?[47].

S'agissant de ce parcours qui l'aura amené à consacrer sa vie et son œuvre à penser l'utopie, Miguel Abensour le décrit comme une succession de rencontres : avec Saint-Just, se proposant sous la Révolution française de sortir de la Terreur par les institutions conçues comme « systèmes positifs d'anticipation » (*cf.* Deleuze, son second directeur de thèse de doctorat) ; avec Marx, dont la lecture des *Manuscrits de 1844* le persuade qu'il n'a pas rompu avec l'utopie ; avec William Morris et l'édition française qu'il préface de *The making of the English Working Class* de E.P. Thompson, attestant du rôle de l'utopie dans les luttes ouvrières ; avec la *Théorie critique*, de Herbert Marcuse réhabilitant l'imagination, à Walter Benjamin émancipant le rêve du délire et du mythe pour lui substituer l'image dialectique produisant le réveil ; avec Pierre Leroux, faisant apparaître la triade Saint-Simon, Fourier, Owen et le passage de la domination à l'Association, et ouvrant l'horizon vers le nouvel esprit utopique, de Breton à Bloch, Buber ou Levinas, développant au XXᵉ siècle une nouvelle intelligence de l'utopie qui tiendrait en une formule :

Seule une pensée de l'utopie qui se fait violence à elle-même, qui inclut dans son mouvement la critique de l'utopie, a la dureté nécessaire pour procéder à une destruction des mythes qui ruinent l'utopie[48].

Soit l'idée que la défaillance de la modernité ne provient pas d'un inachève-ment, mais du mouvement dialectique paradoxal par lequel l'émancipation moderne se renverse en son contraire. La tâche du nouvel esprit utopique serait de briser le cercle de la répétition.

46. E. Levinas, *Autrement qu'être ou au-delà de l'essence*, La Haye, Martinus Nijhoff, 1978, p. 232, cité par M. Abensour : « Persistante utopie » [2006], *L'homme est un animal utopique*, *Utopiques II*, op. cit. p. 171.
47. M. Abensour, « Persistante utopie », op. cit. p. 172.
48. M. Abensour, « L'utopie au risque de l'incandescence », art. cit., p. 331.

La conversion utopique

Ici intervient, après *l'éternelle utopie* et *la persistante utopie*, le concept de *la conversion utopique*. On se gardera de donner à ce terme une connotation religieuse. La conversion selon Littré est 1) L'action de tourner ; mouvement qui fait tourner, 2) Transmutation. La conversion des métaux vils en or, 3) Terme de logique. Changement qu'on opère dans les propositions, en faisant du sujet l'attribut et de l'attribut le sujet, 4) Terme d'arithmétique. Proportion par conversion, comparaison de l'antécédent avec la différence qui est entre l'antécédent et le conséquent, dans chaque rapport, 5) Action de tirer les âmes hors d'une religion qu'on croit fausse pour les faire entrer dans une religion qu'on croit vraie[49]. Le *Dictionnaire de philosophie* de Christian Godin ajoute à cette liste deux autres définitions : a) Chez Platon, la conversion (periagôgê) provoquée par l'éducation est le mouvement de l'âme vers l'idée de Bien, principe suprême de réalité et d'intelligibilité, b) Dans la psychanalyse, la conversion est la transformation de troubles névrotiques en manifestations somatiques fonctionnelles. L'hystérie est la plus commune des névroses de conversion[50]. Abensour dit que l'usage qu'il fait du terme « conversion » n'a aucune connotation religieuse, et qu'on peut penser la conversion utopique sur le modèle de la conversion philosophique : la réorientation du regard selon Platon, pour rompre avec les définitions de l'utopie en extériorité, celles que nous pouvons lire dans les dictionnaires, et penser l'utopie comme une expérience spécifique qui implique des attitudes, des impulsions et des affects de la part de ceux qui conçoivent et reçoivent cette espérance d'une société autre et meilleure que l'ordre présent du monde[51]. Et il ajoute que l'expérience de la conversion utopique est celle d'un déplacement par lequel l'homme ou le collectif se détournent de l'ordre existant pour se tourner vers un monde nouveau, ou plutôt vers son « expression imaginative » selon une expression que Marx utilise à propos de Fourier. Ce déplacement est un non-consentement à l'ordre du monde tel qu'il existe, que Gustav Landauer dans *La Révolution* (1907) nomme une « topie », mais sans pour autant être suivi d'une adhésion à un autre ordre, plutôt pour tenter l'expérimentation d'un nouvel être au monde, sortir d'un sommeil dogmatique et connaître l'éveil ou le réveil.

Cette sortie d'un sommeil dogmatique peut être obtenue par deux voies : d'une part l'épochè phénoménologique qui provoque le réveil de la subjectivité, son arrachement au sommeil dogmatique de l'ordre établi, et l'apparition de l'humain utopique (*cf.* Levinas) ; d'autre part l'image dialectique, projetant le rêveur hors du sommeil, vers l'éveil, le guetteur de rêve ayant pour fonction de construire techniquement la constellation du réveil. De Benjamin[52], Abensour

---

49. Article « Conversion », Littré, *Dictionnaire de la langue française*, Paris, Hachette, 1873, t. 1 p. 795.

50. Article « Conversion », Christian Godin, *Dictionnaire de philosophie*, Paris, Fayard-Éditions du Temps, 2004 p. 269.

51. Voir M. Abensour, *Emmanuel Levinas, l'intrigue de l'humain, op. cit.* p. 50.

52. « Lorsque la pensée s'immobilise dans une constellation saturée de tensions, apparaît l'image dialectique », W. Benjamin, *Paris capitale du XIXᵉ siècle*, trad. fr. J. Lacoste, Paris, Cerf, 2000 p. 494, cité par M. Abensour, *L'homme est un animal utopique, Utopiques II, op. cit.* p. 43.

tire l'idée que l'image dialectique, référée à l'utopie en tant qu'image de rêve, est l'effet de cette forme singulière de pensée dialectique qu'est la dialectique à l'arrêt. Dans un cas comme dans l'autre, il y a suspens de la pensée, et il y a lutte entre sommeil et éveil ou réveil. Miguel Abensour revient à maintes reprises sur leurs différences, modalité éthique de l'éveil pour l'un (dans l'héritage de Martin Buber, Levinas assigne l'utopie au registre du lien humain, et, en tant que rencontre, elle participe pleinement du fait éthique), politique pour l'autre (Benjamin s'attache à l'éveil comme manifestation des contradictions et à ses effets révolutionnaires), mais aussi sur ce qui les rapprocherait : un mépris commun pour ceux qui professent la haine de l'utopie, et la conviction qu'il n'y a pas de philosophie qui soit sans dimension utopique, et que l'utopie ne saurait se tenir à l'écart de la philosophie. Georges Navet a bien vu quelle est la *méthode* de l'utopie :

> Revenons pour conclure à la virtualité émancipatrice. C'est bien elle qui pousse Benjamin à élaborer le concept d'image dialectique, comme c'est elle qui impulse l'épochè de Levinas et l'épochè de Richir. Comme c'est elle encore qui amène Miguel Abensour à revenir sur ces auteurs pour montrer leurs points communs sans rechercher une vaine synthèse ou un quelconque dépassement. Il est toujours possible de creuser les différences entre les auteurs, mais il est peut-être plus judicieux de souligner que la « méthode de l'utopie » désigne moins l'approche qui permet de comprendre l'utopie que la manière (ou les manières) dont procède l'utopie pour nous éclairer en nous plaçant dans un nouvel horizon qui seul nous permettra de la comprendre. Dit plus brutalement : il n'y a pas de compréhension sans conversion préalable[53].

Cette conclusion de l'article de Navet (inédit en français) s'éclaire d'être en quelque sorte annoncée dans son introduction, prévenant que l'auteur n'a d'autre ambition que de proposer une lecture de « La conversion utopique : l'utopie et l'éveil » de Miguel Abensour, et que ses pages « relèvent d'une explication de texte, une explication qui vire çà et là au commentaire parce que leur auteur y vise d'abord à s'expliquer le texte à lui-même ». Tous ceux qui ont tenté de restituer le geste philosophique d'Abensour se saisissant de l'utopie ont rencontré la même impossibilité d'écrire sur Abensour pour restituer l'ordre des raisons de son dispositif spéculatif : il nous oblige bien plutôt à lire les livres qu'il lit avec lui, au risque de nous tenir au plus près de la lettre de ses lectures[54]. Ou bien encore :

> Ses livres sont indissociables de la liste impressionnante de tous les livres que sa collection « Critique de la politique » nous a fait lire et découvrir. Il était à la fois le penseur que l'on sait et l'intercesseur d'une intensification, d'une démultiplication du travail critique par les livres des autres auteurs[55].

■ 53. G. Navet : « El metodo de la Utopia », dans C. Guttierez, C. Ruiz, P. Vermeren (eds.), *Critica, utopia y politica, lecturas de Miguel Abensour*, Santiago de Chile, Nadar, 2014, p. 52.
■ 54. Voir M. Cervera-Marzal, *Miguel Abensour. Critique de la domination, pensée de l'émancipation*, Paris, Sens & Tonka, 2013, p. 13.
■ 55. M. Cohen-Halimi, « La théorie critique et la question politique », *Prismes. Théorie critique* 1, Paris, Sens & Tonka, 2018, p. 72.

Des livres qu'il relit sans cesse, et dont il peut répéter certaines citations, ce qui dans un recueil de ses propres textes « ne devrait pas paraître trop gênant au lecteur, car elles ont été chaque fois modulées dans un contexte différent »[56]. Prétendant répondre à l'invite lancée par André Breton de rendre justice aux ombres longtemps prises entre des feux contraires que sont à ses yeux les grandes figures utopiques du XIXᵉ siècle, les réinscrivant dans une tradition dont le présent (Ernst Bloch, Martin Buber, la Théorie critique – Marcuse, Adorno, Walter Benjamin –, et aussi Emmanuel Levinas) n'est pas la pure répétition du même, mais l'invention, sans cesse, du nouveau, Miguel Abensour convoque des œuvres méconnues ou des auteurs oubliés qu'il s'agit de faire jouer contre eux-mêmes dans le but de provoquer chez le lecteur l'émancipation de soi-même. Ce que Horacio Gonzalez nomme un processus de libération des textes, le but d'Abensour étant moins de proposer une théorie de l'utopie que de provoquer chez le lecteur des sentiments qui révèlent les pensées qui sont le fruit des actes de l'imagination utopique, et des sentiments qui vont provoquer le lecteur en acte à reprendre sa lecture, à libérer les textes d'eux-mêmes, à les sauver parfois contre eux-mêmes. Lire Abensour lisant des textes oubliés, ou retrouvant le fil conceptuel perdu d'autres textes, serait accepter d'entrer dans la peau de ce personnage utopique du lecteur d'exception[57].

Borgès, *L'invention de Morel* et Jacques Rancière

S'agissant de l'utopie – comme des deux autres objets qu'il travaille : l'héroïsme révolutionnaire et ce qu'il nomme la philosophie politique critico-politique –, l'enjeu pour Miguel Abensour serait de s'interroger sur le rapport qu'ils entretiennent tous trois aux choses politiques et à la dimension symbolique du lien social. Il en déduit une conception de la démocratie comme insurgeante, avec l'idée régulatrice de démocratiser l'utopie et d'utopianiser la démocratie, qui n'est pas un régime parmi d'autres, mais une institution politique conflictuelle du social, et une modalité de l'agir politique qui se réinvente sans cesse pour lutter contre toute logique de la domination, totalisation, médiation ou intégration propre à l'État, et préserver la puissance d'agir du peuple[58]. J'ai tenté ailleurs de confronter cette position avec celle de Jacques Rancière, qui assigne à l'utopie d'être le non-lieu d'un non-lieu[59], lui déniant de déclencher l'action démocratique, parce que c'est dans les luttes que s'ouvrent les horizons utopiques et que l'action collective invente l'avenir (im)possible[60], contestant la possibilité même de l'existence d'une philosophie politique, car il n'y a pas de fondement propre de la politique[61].

■ 56. M. Abensour, préface à *L'homme est un animal utopique*, *op. cit.* p. 11.

■ 57. H. Gonzalez, « Le processus de libération des textes », *op. cit.* p. 31 (l'original de ce texte ayant été égaré, H. Gonzalez en a retraduit la version française en castillan pour *Critica, utopia y politica*, *op. cit.* p. 19-24).

■ 58. « Insistances démocratiques. Entretien avec Miguel Abensour, Jean-Luc Nancy, Jacques Rancière », *Vacarme* 48, 2009/3, p. 8-17.

■ 59. J. Rancière, « Sens et usages de l'utopie », dans M. Riot-Sarcey (dir.), *L'Utopie en question*, Paris, Presses Universitaires de Vincennes, 2001, p. 43-57.

■ 60. J. Rancière, « La communauté comme dissentiment », entretien avec F. Noudelman (2003), *Et tant pis pour ceux qui sont fatigués*, Paris, Amsterdam, 2009, p. 323.

■ 61. P. Vermeren, *Penser contre. Essais sur la philosophie critique de Miguel Abensour*, *op. cit.* p. 40 *sq.*

À quoi Abensour répond, créditant Rancière de lutter à juste titre contre une philosophie politique qui serait instauratrice d'un gouvernement ou d'une politique des philosophes, qu'il y a dans *La Mésentente* au moins trois des réquisits d'une philosophie politique critique : la distinction entre politique (interruptive de l'ordre établi) et domination (la police), l'insistance sur la conflictualité et la division (la mésentente), la spécificité de la politique comme institution d'une part des sans-parts sous condition de la preuve d'égalité (le tort)[62].

Une autre manière de questionner les philosophèmes d'Abensour et de Rancière sur l'utopie serait de confronter leurs lectures de *L'éternité par les astres* de Blanqui. Un texte qui fut toujours l'objet d'une énigme, ainsi qu'en atteste par exemple Lisa Block de Béhar, urugayenne et éditrice de Blanqui, convoquant Jorge Luis Borges, Adolfo Bioy Casares et Walter Benjamin évoquant celui que Louis Aragon nomme dans *Le paysan de Paris* « l'homme pris au piège des étoiles ». Elle cite Borgès préfaçant *L'invention de Morel* :

> Qu'il me suffise de dire que Bioy renouvelle littéralement un concept (l'éternité) que saint Augustin et Origène réfutèrent, que Louis Auguste Blanqui analysa, que Dante Gabriel Rosetti a formulé dans une musique mémorable[63].

Lisa Block de Béhar connaît l'édition de Miguel Abensour et de Valentin Pélosse de *L'éternité par les astres*. Elle a publié un texte de Rancière sur Borgès, dans un volume collectif où elle donne elle-même une contribution qui lui est propre, et qui montre que « si la fiction de Louis-Auguste Blanqui se base sur une entreprise astronomique qui engage l'éternité, ses fugues astrales ont conditionné l'imagination que Borges et Bioy ont modulée dans leurs ouvrages, pour se consoler des limitations d'un monde tant exclusif que monotone ou de l'évidence d'une temporalité limitée, mais surtout articuler dans le récit une immortalité qui fait abstraction du temps, parce qu'elle se dissipe pour s'enraciner dans un espace toujours là »[64]. En exergue de son texte, Lisa Block de Béhar place une citation de « Sens et usage de l'utopie » de Rancière, dans lequel celui-ci se saisit du *Curé de village* pour filer l'image maléfique de l'île que le roman de Balzac met en scène : l'île où l'héroïne a aperçu l'ouvrier Tascheron, et où celui-ci a caché l'argent de son mari qu'il a dévalisé, l'île de fiction – utopie projetée sur la réalité de la vie laborieuse et cause du bouleversement du partage établi du sensible, des places et des fonctions dans l'espace de la communauté –, l'île du livre et le livre comme île, pour montrer comment « se taillent les hétérotopies individuelles et communautaires qui font lieu du non-lieu utopique et non-lieu de ses lieux »[65]. Une citation à la formulation laconique : « Nous pourrons

■ 62. M. Abensour, *Pour une philosophie politique critique*, Paris, Sens & Tonka, 2009, p. 41-42.
■ 63. J. L. Borgès, prologue à A. Bioy Casares, *L'invention de Morel* [1940], cité par L. Block de Behar, introduction à A. Blanqui, *L'Éternité par les astres*, Genève, Slatkine, 2009, p. 28. V. Pélosse, revenant sur les circonstances de l'édition qu'il fit de ce texte avec M. Abensour en 1972, émet l'hypothèse que le roman de Casares est une version cryptée de *L'Éternité par les astres* (« La bifurcation. Tours et détours de la réédition (1972 et 2000) de *L'Éternité par les astres* d'Auguste Blanqui », *Lignes* 56, mai 2018, p. 146).
■ 64. L. Block de Behar, « De nombre propios y ajenos », dans W.B. Berg et L. Block de Behar (dir.), *France-Amérique latine : Croisements de lettres et de voies*, Paris, L'Harmattan, 2007, p. 224.
■ 65. J. Rancière, « Sens et usages de l'utopie », art. cit., p. 78.

alors mieux comprendre cette histoire d'île »[66]. Trente ans après la postface de Valentin Pélosse et Miguel Abensour, Jacques Rancière publie en France une préface à une nouvelle édition de *L'éternité par les astres*[67]. Un texte qui fait aussi écho dans le Rio de La Plata, puisqu'il est immédiatement traduit et publié avec la postface de Valentin Pélosse et Miguel Abensour dans une édition argentine de l'ouvrage de Blanqui préfacée par Horacio Gonzalez[68]. Un Horacio Gonzalez, directeur de la Bibliothèque Nationale d'Argentine, qui revient sans cesse à Blanqui, comme à Pierre Leroux, a publié en castillan *La démocratie contre l'État* de Miguel Abensour[69] et est aussi un lecteur de *La nuit des prolétaires* de Jacques Rancière. Horacio Gonzalez, soulignant l'importance, pour le lecteur argentin d'aujourd'hui, de cette édition de Blanqui, écrit dans son avant-propos :

> Rancière réfléchit sur « l'incroyable message de l'Enfermé qu'il vaut la peine de réentendre à nouveau dans la grisaille d'un présent adorateur de la nécessité ». Abensour et Pélosse suggèrent que « la parole politique de Blanqui ne peut se lire que sur le fonds de la parole astronomique, parole elle-même impuissante au regard de l'infinité de l'univers dans l'espace et dans le temps. Mais *l'énigme de l'univers se montre en permanence face à chaque pensée. L'esprit humain veut le déchiffrer à tout prix.* S'attaquer à l'énigme de l'Univers, se colleter avec l'infini, est en quelque sorte naturel pour les révolutionnaires »[70].

Abensour et Pélosse, se référant à Maurice Blanchot, évoquaient la « parole plurielle » comme signe le plus probant de l'excès, et interprétaient cette pluralité de paroles (politique et militaire, philosophique, astronomique) comme la marque d'une expérimentation particulière qui cherche à effectuer des percées sur plusieurs fronts, dans différents registres, la question étant la relation entre ces trois paroles. Horacio Gonzalez suggère une façon singulière de confronter les positions d'Abensour et de Rancière sur l'utopie.

Comment Rancière lit-il *L'éternité par les astres* de Blanqui ? Comme l'a bien remarqué Stéphane Douailler, il reconstitue le dossier scientifique de l'époque et pose la question de ce qui s'est joué dans le ciel pour ceux qu'on nomme les utopistes, tenant que la seule issue révolutionnaire à la crise est non pas dans un régime politique déterminé, mais dans l'organisation de la société selon les lois du ciel. Mais tout change selon la manière dont on entend les notions d'attraction et de gravitation. On ne peut pas restituer ici l'argumentation de Rancière, mais s'agissant de Blanqui, qui s'est interrogé sur le principe de Carnot qui condamne le monde au froid, la question devient : comment empêcher cette mort annoncée du monde ? Le chef révolutionnaire répond : il faut penser le temps du monde comme un temps où l'on peut relancer la possibilité d'un choc résurrecteur, le choc égalitaire des éléments

66. L. Block de Behar, « De nombre propios y ajenos », art. cit., p. 213.

67. A. Blanqui, *L'éternité par les astres*, préface de J. Rancière, Paris, Les impressions nouvelles, 2002.

68. A. Blanqui, *La eternidad por los astros*. Buenos Aires, Colihue, 2002.

69. M. Abensour, *La democracia contra el Estado*, Buenos Aires, Colihue, 1998 ; H. Gonzalez : *Filosofia de la conspiracion*, Buenos Aires, Colihue, 2004.

70. H. Gonzalez, « Sobre esta edicion », avant-propos à A. Blanqui : *La eternidad por los astros*. Buenos Aires, Colihue, 2002, qui cite la préface de Rancière et la post-face d'Abensour et Pélosse à leurs éditions de *De l'éternité par les astres*.

peut rallumer le feu du monde. Blanqui est celui qui s'est donné le courage de lancer les dés de l'égalité au plus loin de toutes les conditions objectives d'un monde. De la confrontation des textes d'Abensour et de Rancière sur Blanqui, ne ressort-il pas que tous deux « refusent de réduire la spéculation de Blanqui à une quelconque forme rêvée de compensation, de revanche ou de désespoir d'un prisonnier » ?

[…] *L'éternité par les astres* doit être lu, et continuer à l'être, non pas du point de vue d'un sujet enseveli, mais des possibles d'un domaine d'aventures par lesquelles un monde social, des savoirs collectifs, des arguments sensibles et des expériences de pensée se laissent traverser[71].

Blanqui tient ses distances avec les trois ou quatre systèmes sortis tout équipés de cervelles utopistes qui ont tous déclaré la guerre à la révolution : les saint-simoniens sont devenus les piliers du Second Empire ; les fouriéristes, après avoir fait dix-huit ans leur cour à Louis-Philippe sur le dos des républicains, ont passé à la République avec la victoire, fort étonnés bientôt et encore plus déconfits de rencontrer la proscription là où ils avaient cru trouver la puissance ; le positivisme, qui a débuté par la négation de tous les cultes, finit par le système des castes, enté sur une caricature du positivisme, et se divise en orthodoxes, qui fuient le contact des vaincus et tel Comte tentent de gagner le cœur du tzar Nicolas Ier et de la réaction, et schismatiques, qui finiront par prendre la queue du socialisme ou émigreront dans le camp conservateur.

« Le communisme, qui est la révolution même, doit se garder des allures de l'utopie et ne se séparer jamais de la politique »[72]. Qu'est-ce que la politique pour Blanqui ? Selon Rancière, portant attention à la manière dont les prolétaires s'incluent effectivement, comme exclus, par leurs manifestations, se font entendre comme êtres parlant alors qu'ils sont sans noms et supposés ne pas parler, ce sont les minces occasions de réouverture au monde et la répétition aléatoire et infinie de la scène révolutionnaire, la guerre des classes étant le cœur de la politique même, et le mot démocrate « un mot en caoutchouc »[73]. Selon Miguel Abensour, pour Auguste Blanqui, l'utopie doit se faire révolution, laquelle la reprend et la transfigure dans une opération de sauvetage qui la déplace vers l'Ailleurs :

Une révolution improvise en un jour plus d'idées que trente ans de veilles n'en peuvent arracher au cerveau de mille penseurs. C'est qu'une révolution fait jaillir, comme l'éclair, de l'esprit de tous ce qui flottait comme un nuage dans la pensée de quelques-uns[74].

71. S. Douailler, « La "trouvaille" Blanqui », *Recordando a Walter Benjamin : Justicia, Historia y Verdad. Escrituras de la Memoria, iiie Seminario Internacional Politicas de la Memoria*, CHCM, Buenos-Aires, 28-30 octobre 2010, France-Amérique latine : Croisements de lettres et de voies, Paris, L'Harmattan, 2007, https://www.researchgate.net/publication/280811771_La_trouvaille_Blanqui.

72. A. Blanqui, « Capital et Travail » (1969-1970), *Critique sociale*, Paris, Félix Alcan 1885, t. 1, p. 200.

73. A. Blanqui, « Lettre à Maillard », 6 juin 1852, publiée pour la première fois dans *Le Cri du peuple* de J. Vallès, 1er/3 octobre 1885, citée par V. Pélosse dans *Libérer l'Enfermé, op. cit.* p. 15, et par K. Ross, « Démocratie à vendre », *Démocratie, dans quel état ?*, Paris, La Fabrique, 2009, p. 101. Voir aussi C. Contreras Guala : « Democracia, literatura y anarquia en Jacques Rancière », *Reflexiones con Jacques Rancière*, P. Gonzalez et G. Celedon (eds.), Universidad de Valparaiso, 2016 p. 141.

74. A. Blanqui, « Lettre du 5 juillet 1852 », publiée par M. Dommanget, *Les idées politiques et sociales d'Auguste Blanqui*, Paris, Marcel Rivière, 1957 p. 159, citée par M. Abensour, *Les Formes de l'utopie socialiste-communiste, op. cit.* t. 2, p. 159.

Avez-vous lu Abensour ?

Abensour aura consacré sa vie à penser l'utopie, mais dresser la cartographie des chemins qu'il emprunte comme le menant en ligne droite de la haine de l'utopie à la conversion utopique, en passant par la persistante utopie, ne saurait rendre compte des multiples parcours qu'il emprunte pour lire et relire sans cesse des textes méconnus ou oubliés, et tenter de retrouver le fil conceptuel perdu d'autres textes. Non pas en tant qu'il en proposerait une interprétation nouvelle qui donnerait matière à légitimer le dispositif spéculatif de son propre système philosophique : son but n'est pas de construire une théorie de l'utopie ; mais en ceci qu'il nous incite à penser par nous-mêmes avec lui. Chaque lecteur peut ainsi redessiner son itinéraire, comme moi-même parmi d'autres j'avais pu le faire, sous l'emblème d'une pensée de l'exil, lors de l'hommage posthume que ses amis lui avaient rendu en 2017[75]. Des itinéraires qu'il a lui-même retracés plusieurs fois, parmi lesquels singulièrement celui-ci, parmi d'autres, qu'il décrit dans son entretien avec Michel Enaudeau en 2014 :

> Utopiques, politique.
>
> 1) Marx et l'utopie
> 2) Le nouvel esprit utopique en tant que novation technique : William Morris
> 3) Le nouvel esprit utopique : ses gestes spéculatifs
>   a) La théorie critique : l'utopie comme réplique à la dialectique de l'émancipation
>   b) Emmanuel Lévinas : utopie et proximité[76].

Des parcours qui peuvent devenir des chemins de traverse, sous condition de pluraliser l'utopie, afin de ne pas l'enfermer dans un paysage totalisant :

> Au fond, je m'intéresse aux brèches et aux pensées utopiques. Ce qui interdit d'émettre un discours en surplomb[77].

On peut le voir dans celui, tortueux et distinct des précédents, que j'ai emprunté ici : ces chemins sont semés d'impasses et d'apories, car il faut prendre en compte la manière dont Miguel Abensour porte attention à la conjoncture, et dont il déplace son questionnement et ses références philosophiques dans le recours aux œuvres qu'il (re)découvre au présent. Après ses travaux de jeunesse sur Saint-Just, il prend le prétexte d'une lecture du chapitre VII de *Eros et civilisation* de H. Marcuse réhabilitant l'imagination et s'orientant vers le passage d'un concept négatif d'utopie à un concept positif, ou mieux inventif[78], pour entreprendre de réévaluer le socialisme utopique et pour soutenir que Marx ne met pas fin à l'utopie. Soit le parti-pris d'utopianiser Marx, revendiquant le drapeau du nouvel esprit utopique en polémique contre

■ 75. P. Vermeren, « La pensée de l'exil. Miguel Abensour et les institutions philosophiques », *Lignes* 56, *Miguel Abensour. La sommation utopique*, mai 2018, p. 47-62.

■ 76. M. Abensour, *La communauté politique des « tous uns »*, entretien avec Michel Enaudeau, *op. cit.* p. 263-360.

■ 77. M. Abensour, « L'utopie et la lutte des hommes », propos recueillis par M. Cervera-Marzal, avec l'aide d'A. Fjeld et A. Carabedian, dans M. Cervera-Marzal et N. Poirier (dir.), *Désir d'utopie, Politique et émancipation avec Miguel Abensour*, Paris, L'Harmattan, 2018, p. 15.

■ 78. M. Abensour, « Pourquoi la théorie critique ? », dans H. Bentouhami, N. Grangé, A. Kupiec, J. Saada-Gendron (dir.), *Le souci du droit. Où en est la théorie critique ?*, Paris, Sens & Tonka, 2009 p. 7.

le courant althussérien, pour qui Marx allait de pair avec « le nouvel esprit scientifique ». Mais tout aussi bien Abensour a-t-il pensé ensuite à *L'esprit de l'utopie* de Ernst Bloch, qu'il relira en 1979 à la lumière de Lévinas. S'agissant de son exhumation de la *Lettre au docteur Deville*, de la *Réfutation de l'éclectisme* et de *De l'Humanité* de « l'astre » Pierre Leroux, dont Horacio Gonzalez a montré qu'il s'agissait de pièces qu'il fallait enfiler dans d'autres corps textuels pour qu'ils soient reconstitués (reconstitution à caractère utopique), Abensour les fait découvrir à ceux de ma génération préoccupés de rendre compte du saisissement de la philosophie par l'État depuis Victor Cousin et des combats au présent pour le droit à la philosophie ; mais aussi, comme le remarque Georges Navet :

> S'interrogeant sur le peu d'intérêt que manifestent nos contemporains envers celui que le jeune Marx n'hésitait pas à appeler « le génial Pierre Leroux »[79], Miguel Abensour écrit : « la faute ne pourrait-elle aussi nous être imputée, ne conviendrait-il pas d'incriminer notre surdité à un mode de questionnement pour nous insolite et qui mêle sans les confondre la philosophie, "science de la vie", à la politique, la politique à l'art, l'art à la religion ? »[80].

Une autre figure incontournable du nouvel esprit utopique aura été Blanqui. Abensour, en marche sur les routes qu'il identifie comme celles de la tradition utopique, peut revenir sur ses pas, et accomplir le chemin inverse de celui qu'il avait précédemment emprunté : lire Benjamin à la lumière de Blanqui, après avoir découvert Blanqui sous le regard de Benjamin. Il veut ainsi démontrer l'inversion à laquelle procède Benjamin, opérant un passage de Michelet à Blanqui, c'est-à-dire d'une conception de l'histoire sous le signe du progrès (Exposé de 1935 du *Livre des passages*) à une conception de l'histoire sous le signe de la catastrophe (Exposé de 1939), l'utopie ayant pour tâche désormais de se dresser contre cette dernière, dans une véritable transformation de l'utopie en image dialectique[81]. Il était important ensuite de marquer l'intérêt d'Abensour pour Lévinas, en tant que penseur de l'utopie autrement, comme appartenant au registre de la rencontre avec autrui, et à cet égard ce qu'il repère comme son étonnante relation à Ernst Bloch. Enfin, il s'agissait de confronter les philosophèmes d'Abensour avec ceux de Jacques Rancière sur l'utopie, sachant que ce dernier énonce que « le déploiement d'une dimension de projet d'avenir utopique est d'abord ancré dans la capacité présente des luttes, et que ce n'est pas l'existence d'un avenir programmé, d'un modèle de société, qui mobilise les corps »[82]. Au panthéon des utopistes, on a ici privilégié Marx, Leroux, Blanqui, Benjamin, Bloch, Lévinas, sans considération d'autres auteurs incontournables (Thomas More,

▓ 79. *Cf.* la lettre de Karl Marx à Ludwig Feuerbach du 3 octobre 1843 : « Avec quelle habileté Monsieur Schelling a su appâter les Français, à commencer par le faible, l'éclectique Cousin ; plus tard, même le génial Leroux », Marx-Engels, *Correspondance*, Paris, Éditions sociales, 1971, t. 1, p. 300.
▓ 80. M. Abensour, *Postface* à Pierre Leroux, *Aux philosophes, aux artistes, aux politiques. Trois discours et autres textes*, Payot, 1994, p. 295, cité par G. Navet : « Vigilar y despertar », dans C. Guttierez, C. Ruiz, P. Vermeren (eds.), *Critica, utopia y politica, lecturas de Miguel Abensour, op. cit.* p. 26.
▓ 81. M. Abensour, article « Benjamin » du *Dictionnaire des Utopies, op. cit.* p. 22-28.
▓ 82. J. Rancière : « Politique et esthétique », entretien avec J.-M. Lachaud (2006), *Et tant pis pour les gens fatigués, op. cit.*, p. 464.

Charles Fourier, William Morris …), qui pourtant ont accédé eux aussi au regard des lectures de Miguel Abensour à la dignité d'y figurer.

Abensour évoque souvent le geste du penseur critique sans compromis d'Adorno, qui s'interdit toute résignation : « Dans la pensée, le facteur d'utopie est d'autant plus fort qu'elle s'objective moins en utopie – également une forme de régression – et sabote par là la possibilité de sa réalisation »[83]. Michèle Cohen-Halimi, évoquant son attachement à l'expression du même Adorno : « l'imagination exacte », remarque que Miguel Abensour « affectionnait la figure du guetteur, de celui qui scrute et perçoit le surcroît de la lisibilité des évènements sur toute idée préconçue », et elle ajoute que « sa critique de la pensée et sa pensée du travail critique étaient sans répit, mais libérées de tout espoir d'alternative »[84]. Bien d'autres itinéraires s'ouvrent à l'exploration, pour dessiner les chemins parfois obtus empruntés par la sommation utopique inédite d'Abensour, philosophe du non-consentement à l'ordre établi. Horacio Gonzalez remarque – s'agissant, on l'a vu, des effets du *processus de libération des textes* qu'Abensour enclenche en provoquant une lecture de ceux-ci faisant appel à leurs lignes de fuite et à leurs noyaux sans cesse irrésolus, et qui sont des preuves « en acte » d'un sentiment utopique –, qu'il commence souvent par un défi lancé à ses lecteurs le lisant en train de lire en ce moment : « Avez-vous lu Saint-Just ? », « Nos contemporains ne lisent pas Pierre Leroux », « Pourquoi lire et publier Blanqui ? ». À se rendre attentifs à la conjonction présente de l'impulsion utopique et de l'action politique, n'y a-t-il pas lieu de repasser par le non-lieu – fût-il le non-lieu d'un non-lieu – de l'utopie, l'énigme du *Discours de la servitude volontaire* de La Boétie et le paradoxe, destiné à demeurer tel, du concept de démocratie insurgeante[85] ? À l'heure où des expériences politiques nouvelles se font jour, reposant en acte l'exigence d'une communauté de luttes qui soit aussi une communauté de vie (des Printemps arabes à Occupy Wall Street, et des rassemblements sur la Plazza Italia à Santiago du Chili aux manifestations dans les rues de Hong Kong, Téhéran ou Djakarta), ne faut-il pas poser la question : « Avez-vous lu Abensour ? »[86].

Patrice Vermeren
Laboratoire d'Études et de Recherches
sur les Logiques Contemporaines de la Philosophie,
Université Paris 8

■ 83. T. W. Adorno : « Résignation », *Tumultes* 17-18, 2002, p. 177. Voir M. Abensour, « Malheureux comme Adorno en France ? », *Variations*, revue internationale de théorie critique, automne 2005 p. 17-30.

■ 84. M. Cohen-Halimi, « La théorie critique et la question politique », art. cit., p. 72.

■ 85. Voir S. Totora, « Miguel Abensour : une pensée insurgeante ? », et C. Guttierez Olivares, « Georges Navet lecteur de Miguel Abensour », *Cahiers critiques de philosophie* 24, 2021 ; J. Riba, *Crisis permanente. Entre una fraternidad huerfana y una democracia insurgente*, Barcelone, Ned edicions 2021.

■ 86. Je remercie Michèle Cohen-Halimi, Jacques-Louis Lantoine et Sébastien Roman pour leur lecture critique de la première version de cet article.

DOSSIER

Lieux de l'utopie

UTOPIE OU EFFONDREMENT
La littérature à un point de bascule

Jean-Paul Engélibert

Les discours de l'effondrement connaissent un succès croissant alors même qu'émergent des critiques montrant qu'ils reconduisent des illusions de la modernité. Il est plus étonnant de constater que la littérature dominante partage les mêmes impensés au moins depuis l'émergence du roman réaliste en Europe : la forme même du roman l'empêche de représenter la catastrophe civilisationnelle et écologique contemporaine. On fait ici l'hypothèse, avec Fredric Jameson, que l'utopie, grâce à la tension eschatologique qu'elle introduit dans l'histoire, offre une alternative. En particulier, l'analyse du roman d'Alain Damasio *Les Furtifs* peut suggérer une ontologie et une politique s'opposant aussi bien au néolibéralisme qu'à la collapsologie.

Les discours de l'effondrement connaissent un succès croissant dans le monde occidental et ont été confortés par le surgissement brutal, fin 2019, de la pandémie de COVID-19 qui a indéniablement apporté des arguments aux prophètes de la catastrophe. Pour s'en tenir à l'espace français, la notion d'effondrement s'est imposée dans les débats intellectuels et politiques à partir de 2015 avec le premier ouvrage de Pablo Servigne et Raphaël Stevens, et n'a pas quitté l'arène médiatique depuis[1]. Les publications des collapsologues se sont multipliées et un public s'est constitué autour d'une parole que certains commentateurs comparent à une religion[2]. La vogue de la collapsologie a vite obligé à ouvrir une discussion argumentée avec ses défenseurs : historiens, philosophes et

---

1. P. Servigne et R. Stevens, *Comment tout peut s'effondrer. Petit manuel de collapsologie à l'usage des générations présentes*, Paris, Seuil, 2015. Le livre reprenait le mot utilisé par le biologiste américain Jared Diamond pour titrer son best-seller, *Effondrement* (*Collapse. How Societies Chose to Fail or Succeed*, 2005), Paris, Gallimard, 2006.
2. Y. Citton et J. Rasmi, *Générations collapsonautes. Naviguer par temps d'effondrement*, Paris, Seuil, 2020, p. 24-25. Les deux auteurs procèdent à un recensement impressionnant des publications « effondristes » (*ibid.*, p. 9-10 et *passim*).

littéraires[3] ont entrepris de critiquer ce qui se présente comme une nouvelle discipline scientifique et celle-ci a dû apprendre à répondre à des objections énoncées depuis un espace critique qui ne nie pas le dérèglement climatique, ne cède pas à l'illusion de la possibilité d'une croissance infinie de la production industrielle et lui accorde même parfois de « se situer à la hauteur de la gravité de la situation »[4]. La menace d'un effondrement brutal de la civilisation occidentale dans un avenir proche est donc au centre d'un débat contradictoire et en évolution constante. Cette centralité oblige à une critique de l'idée d'effondrement qui permette de prendre du recul par rapport à elle sans renoncer à penser que le développement capitaliste est *insoutenable* et touche à des limites absolues qui sont celles de la planète. Or, on doit alors constater que, du réchauffement mondial, de la destruction des écosystèmes, de la disparition des animaux sauvages, des catastrophes climatiques et des pandémies contemporaines, phénomènes attestés et de plus en plus prégnants dans nos vies, la littérature parle finalement assez peu. Qu'est-ce que notre culture peut opposer au catastrophisme et au fatalisme ambiants ? Sur quelles œuvres de fiction s'appuyer pour critiquer le discours collapsologique ? Où trouver des analyses alternatives de la situation planétaire ? Certes, on publie aujourd'hui de nombreux romans apocalyptiques et dystopiques, mais leur existence ne permet pas d'affirmer que le désastre écologique et civilisationnel contemporain occupe dans nos imaginaires la place qu'il prend dans la réalité : ces romans restent minoritaires, soit au sens où ils sortent des canons formels dominants du roman moderne et demeurent peu diffusés, soit au sens où ils sont relégués aux marges de la littérature légitime, cantonnés par exemple dans des genres mineurs (la science-fiction, la *fantasy*)[5]. Au point qu'on peut accuser la littérature non seulement de négliger, mais véritablement d'occulter le dérèglement climatique[6]. D'autres représentations, d'autres formes narratives que les formes dominantes sont nécessaires pour penser celui-ci. On peut faire l'hypothèse que les fictions d'apocalypse et les dystopies contemporaines sont les plus à même de répondre à ce besoin[7]. Si c'est le cas, il faut affirmer leur filiation avec la tradition utopique qui s'est déployée depuis Thomas More afin, premièrement, de leur conférer une dignité littéraire qui leur est presque toujours déniée et, deuxièmement, d'y reconnaître les ferments d'utopies à venir. Depuis ses origines, l'utopie *contient* la dystopie : le livre fondateur de More est lui-même divisé en deux parties, seule la seconde décrivant l'île du meilleur gouvernement, la première analysant l'Angleterre

---

3. On peut citer parmi les critiques les plus significatives celles des historiens Jean-Baptiste Fressoz (« La collapsologie : un discours réactionnaire ? », *Libération*, 7 novembre 2018) et Jérôme Baschet (*Basculements. Mondes émergents, possibles désirables*, Paris, La Découverte, 2021), les philosophes Jean-Pierre Dupuy (« Simplismes de l'écologie catastrophiste », AOC.media, 21 octobre 2019) et Pierre Charbonnier (« Splendeurs et misères de la collapsologie », *Revue du crieur* 13, 2019, p. 88-95) et les théoriciens de la littérature Yves Citton et Jacopo Rasmi (dans leur ouvrage cité plus haut).

4. J. Baschet, *Basculements*, *op. cit.*, p. 53. Pour une réponse des collapsologues, voir F. Flipo, « Simplismes de l'écologie catastrophiste, vraiment ? », AOC.media, 27 novembre 2019.

5. « Littérature légitime » et « genres mineurs » au sens où Pierre Bourdieu les distingue dans *Les Règles de l'art*, Paris, Seuil, 1992.

6. C'est la thèse d'A. Ghosh, *Le Grand Dérangement* [2016], trad. fr. M. Iserte et N. Haeringer, Marseille, Wildproject, 2021.

7. Sur ce point, ainsi que sur l'herméneutique des fictions d'apocalypse, je me permets de renvoyer à mon ouvrage, J.-P. Engélibert, *Fabuler la fin du monde. La puissance critique des fictions d'apocalypse*, Paris, La Découverte, 2019.

d'Henri VIII comme le pire des régimes[8]. Il se pourrait bien que l'utopie soit de nouveau, de nos jours, la meilleure réponse à une impasse politique : la forme dans laquelle penser la gravité de notre conjoncture sans pour autant souscrire au discours collapsologique alors qu'il faut soumettre celui-ci à la critique. Il faudrait expliquer en quoi les formes contemporaines de l'utopie peuvent dériver de la dystopie. On comprendrait alors que la menace de l'effondrement lui rend toute son actualité au moment où on la croyait congédiée de l'imaginaire politique[9].

Ce qui faisait la faiblesse politique de l'utopie au cours des générations antérieures – le fait qu'elle ne donnait aucune analyse de la puissance d'agir, qu'elle ne présentait pas d'image cohérente de la transition historique et pratico-politique – devient maintenant sa force [...]. Coupure avec les possibilités politiques, sécession par rapport à la réalité, l'utopie est donc le reflet de notre disposition idéologique actuelle[10].

L'utopie pourrait être une des formes littéraires cardinales pour exprimer le point de bascule où nous nous trouvons : comme hier l'alternative a pu être « socialisme ou barbarie », celle d'aujourd'hui peut se nommer « utopie ou effondrement ». Ce sera la démarche que nous suivrons ici en trois temps : après une critique des discours contemporains de l'effondrement, nous expliquerons avec l'historien de la littérature Amitav Ghosh ce qui rend difficile, dans le champ littéraire moderne, l'élaboration de récits sur la catastrophe civilisationnelle en cours. Enfin, nous terminerons par la tentative de trouver dans le roman contemporain de nouvelles formes utopiques à la hauteur du présent en nous appuyant sur les travaux de Fredric Jameson.

Critiquer les récits de l'effondrement

Le discours collapsologique assène comme une évidence la perspective d'un effondrement imminent, brutal et inéluctable : « l'effondrement de la société mondialisée est possible dès 2020, probable en 2025, certain vers 2030 »[11], écrivait Yves Cochet en 2019. Dans ces usages, « effondrement » ne s'écrit qu'au singulier, c'est d'un seul coup que « tout va s'effondrer »[12]. La métaphore de l'effondrement même, comme l'anglais *collapse* qu'elle traduit, suggère un imaginaire apocalyptique : elle révèle l'advenue d'un anéantissement global auquel se préparer, exige une conversion morale difficile et promet le salut dans un monde régénéré[13].

8. Pour une étude précise des rapports entre utopie et dystopie de More à nos jours, voir C. Braga, *Pour une morphologie du genre utopique*, Paris, Classiques Garnier, 2018.

9. Voir par exemple les propos désenchantés d'un spécialiste de l'utopie littéraire : « Nous vivons sous la menace de l'épuisement de l'enthousiasme : l'utopie fait depuis un certain temps l'objet de méfiance et de discrédit, d'un point de vue philosophique, et pour le moins d'une crise de confiance et d'une remise en question sans précédent, sur le plan politique. Dans une phase tardive de désabusement, au degré ultime du saccage civilisationnel, on entend même retentir des propos antihumanistes assumés comme tels. Le futur de l'individualité désabusé pourrait-il encore être en quête d'utopies ? ». J. Berchtold, « Regards sur l'utopie », *Europe* 985, mai 2011, p. 3.

10. F. Jameson, *Archéologies du futur. Le désir nommé utopie* [2005], Paris, Max Milo, 2007, p. 391.

11. Y. Cochet, *Devant l'effondrement. Essai de collapsologie*, Paris, Les Liens qui libèrent, 2019, p. 40.

12. J. Wosnitza, *Pourquoi tout va s'effondrer*, Paris, Les Liens qui libèrent, 2018.

13. P. Servigne, R. Stevens et G. Chapelle, *Une autre fin du monde est possible. Vivre l'effondrement (et pas seulement y survivre)*, Paris, Seuil, 2018.

Yves Citton et Jacopo Rasmi ont objecté à ce discours d'ignorer les inégalités. « Son premier biais tient au postulat que tout va tomber d'un coup. Quel est donc ce « tout » qui est appelé à s'effondrer ensemble ? »[14]. Prendre comme un tout l'ensemble de l'humanité, c'est occulter les conflits qui la divisent, négliger la structure inégalitaire des sociétés et croire qu'un événement catastrophique peut niveler les conditions pour ramener les hommes à une égalité de nature qui les reconduira à la pratique ancestrale de l'entraide[15]. Penser l'effondrement au singulier, comme un événement ponctuel, et non comme, par exemple, une dégradation lente, graduelle, possiblement contradictoire et difficile à décrire, participe de la même occultation des conflits politiques et sociaux. Des populations peuvent s'effondrer pendant que d'autres prospèrent. L'aggravation des inégalités depuis les années 1980 sous l'effet des politiques néolibérales peut être lue comme le signe d'un progressif « effritement », ou d'un long « délitement »[16], des sociétés modernes : changer de métaphore permet d'éviter le biais millénariste d'une collapsologie prompte à imaginer que la fin du capitalisme déboucherait magiquement sur un monde de solidarité et de bienveillance, tel que le figurent certains romans contemporains[17].

Une autre objection aussi fondamentale consiste à rappeler que l'apocalypse a déjà eu lieu pour de nombreux peuples : en Amérique après l'arrivée des Européens, en Afrique avec la traite négrière par exemple[18]. Les descendants de ces peuples dont les mondes ont été anéantis savent que « la question n'est plus de savoir comment vivre dans [l'attente de l'apocalypse], mais comment vivre au lendemain de la fin, c'est-à-dire avec la perte, dans la séparation. Comment refaire monde au lendemain de la destruction du monde ? »[19]. Envisager ainsi le délitement de la civilisation occidentale permet de décentrer notre imaginaire et de comprendre que la fin d'un monde oblige moins à une conversion de type religieux qu'à l'acceptation de certaines pertes et à l'ouverture concomitante de nouveaux attachements. L'épuisement des ressources sur lesquelles la puissance de l'Occident s'est appuyée provoque avant tout une perte d'influence politique, des difficultés économiques et une diminution du confort matériel de la majorité de ses populations. Ces pertes impliquent de renoncer à certains investissements psychiques et symboliques et à de nombreuses habitudes de consommation, mais ne signifient pas *la fin du monde*. Au contraire, elles incitent ou elles obligent à nouer d'autres liens, à changer ses pratiques et à s'ouvrir de nouvelles possibilités de vie dans le *monde abîmé* qui est le nôtre[20]. Or, il est remarquable que les fictions apocalyptiques et les dystopies, si nombreuses aujourd'hui, cultivent le pathos

---

14. Y. Citton et J. Rasmi, *Générations collapsonautes*, op. cit., p. 35.
15. P. Servigne et G. Chapelle, *L'entraide. L'autre loi de la jungle*. Paris, Les Liens qui libèrent, 2017.
16. Y. Citton et J. Rasmi, *Générations collapsonautes*, op. cit., p. 48 et 52.
17. Voir par exemple le roman d'Antoinette Rychner, *Après le monde*, Paris, Buchet-Chastel, 2020.
18. Ces précédents sont rappelés par Déborah Danowski et Eduardo Viveiros de Castro dans « L'arrêt de monde », dans É. Hache (dir.), *De l'univers clos au monde infini*, Bellevaux, Dehors, p. 221-339 et A. Mbembe, *Politiques de l'inimitié*, Paris, La Découverte, 2018.
19. A. Mbembe, *op. cit.*, p. 51.
20. Voir *Critique* 860-861, « Vivre dans un monde abîmé », janvier-février 2019.

de la perte et de la destruction plutôt qu'elles n'explorent les recompositions et réaménagements du monde d'après[21].

Dans la grande majorité des récits d'effondrement, si ce n'est dans tous, le monde s'écroule autour de héros humains dont la survie est le seul sujet. Le monde lui-même n'est que le fond inerte sur lequel se détachent des figures humaines qui seules importent, comme si les humains étaient radicalement séparés des autres êtres vivants, comme s'ils n'étaient pas liés à eux par des chaînes d'interdépendance multiples et complexes. Alors que la philosophie contemporaine s'attache à penser le non-humain, que ce soit en conceptualisant la condition « terrestre » des vivants humains et non-humains (Bruno Latour), ou l'existence des étants en dehors de toute perspective humaine (l'ontologie orientée objet), la collapsologie ignore largement ces tentatives théoriques. Ce serait une troisième objection à lui opposer. Mais alors il faudrait ajouter que le récit en général semble peu capable de représenter le monde non-humain. La littérature ne l'aborde qu'avec difficulté : c'est la culture moderne tout entière qui manque de formes pour dire le non-humain. De même que l'imaginaire effondriste imagine une flèche du temps pointant vers une inéluctable décadence, renversant l'orientation de la flèche du progrès tout en reproduisant la temporalité linéaire de l'imaginaire moderne, ses récits reconduisent le primat des humains, non certes en leur accordant maîtrise et possession de la nature, mais en leur donnant le premier rôle et en leur conservant le privilège de l'identification. C'est presque toujours pour les personnages humains que les lecteurs éprouvent terreur et pitié. Le grand roman de Cormac McCarthy *La Route*[22] pousse cette orientation à son stade ultime : dans un monde dévasté par une catastrophe générale, tous les animaux et tous les végétaux sont morts, et seuls subsistent quelques êtres humains condamnés au cannibalisme pour survivre. Il porte le lecteur à s'identifier au jeune héros que tout désigne comme un messie. La réussite esthétique de ce roman est d'avoir poussé l'apocalyptisme de notre culture à ses conséquences dernières en radicalisant son anthropocentrisme, son messianisme profane et son nihilisme : l'homme seul sous un ciel de ténèbres et voilé de cendres contemple son salut sous la forme d'un enfant.

Renouveler les fictions

Pourquoi est-il aussi difficile de produire d'autres récits de ce qui nous arrive ? Comment sortir de la fascination de la fin ? On peut penser que la littérature est un lieu privilégié pour porter des récits alternatifs de ce qu'on a pu appeler la « catastrophe civilisationnelle qui se propage à toute occasion »[23]. Or, il faut bien constater que les grandes œuvres à ce sujet sont rares ou reconduisent, comme le roman de McCarthy, des représentations apocalyptiques ou messianiques qui n'éclairent peut-être pas mieux que la collapsologie les enjeux de notre conjoncture historique particulière. Peut-être parce qu'il est difficile de représenter celle-ci dans les formes littéraires

▨ 21. On comptera au nombre des rares exceptions la trilogie de Margaret Atwood, *MaddAddam*, Toronto, McClelland and Stewart, 2003-2013.

▨ 22. C. McCarthy, *La Route* [2006], Paris, L'Olivier, 2008.

▨ 23. J.-L. Nancy, *L'Équivalence des catastrophes* (*après Fukushima*), Paris, Galilée, 2012, p. 60.

dominantes et en particulier dans le roman réaliste, qui occupe le centre du champ littéraire depuis le XIXᵉ siècle. Le roman moderne n'a cessé depuis ses origines de repousser le romanesque pour mieux raconter le quotidien, l'ordinaire, la régularité de l'existence bourgeoise. Les avant-gardes du XXᵉ siècle n'ont pas rompu avec ce privilège. Au contraire, le modernisme anglo-saxon ou le nouveau roman français, par exemple, ont constamment cherché à rompre avec le romanesque dont ils dénonçaient le caractère conventionnel. Les « littératures de terrain » contemporaines procèdent d'un refus tout aussi radical du romanesque [24]. Or, le renoncement aux aventures et à l'extraordinaire n'est pas forcément un gage de véracité des récits : en privilégiant la représentation du probable, le roman bourgeois a banni certains types d'expérience pour en privilégier d'autres. Ainsi, selon le romancier et critique indien Amitav Ghosh, la « rhétorique du quotidien » s'est imposée dans le roman de Jane Austen à Gustave Flaubert, « au moment précis où le régime des statistiques, gouverné par les idées de probabilité et d'improbabilité, reconfigurait la société » [25], et ne l'a plus quitté. La littérature légitime s'est constituée sur l'exclusion de certains types d'événements, relégués dans les genres mineurs, comme le fantastique au XIXᵉ siècle ou la science-fiction au XXᵉ, ou dans les genres anciens et dévalués du conte et de la fable. L'improbable a été chassé des histoires pour que celles-ci offrent « un plaisir narratif compatible avec la nouvelle régularité de la vie bourgeoise [et pour] rationaliser l'univers romanesque » [26]. Dans cette tradition littéraire, qui impose encore ses cadres formels aujourd'hui, rien ne disant que les formes contemporaines du récit (de l'autofiction aux littératures de terrain) n'obéissent pas au même type de rationalité, l'analyse d'une trajectoire individuelle prédomine : le roman se confond souvent avec l'histoire d'une vie ou d'un épisode significatif d'une vie. Le récit se concentre sur un individu dont le point de vue subjectif devient le lieu d'où comprendre le monde. Il est alors difficile de raconter tout ce qui excède les bornes de la perception individuelle, ce qui survient imprévisiblement sans cause immédiatement perceptible, comme un phénomène météorologique extrême. Les tornades, tempêtes et incendies dus au dérèglement climatique possèdent une dimension d'inquiétante étrangeté, ajoute Ghosh : ils sont « l'œuvre mystérieuse façonnée de nos propres mains et revenue nous hanter sous des formes et des figures impensables » [27]. Les événements singuliers par lesquels se manifeste le dérèglement climatique sont irreprésentables dans les formes convenues de la littérature narrative, qui se trouve incapable d'exprimer dans toutes ses dimensions notre catastrophe civilisationnelle.

> **Pour raconter la catastrophe en cours, il faut un changement d'échelle et de perspective.**

---

24. Voir par exemple D. Viart, « Les Littératures de terrain », *Revue critique de fixxion française contemporaine* 18, 2019. http://www.revue-critique-de-fixxion-francaise-contemporaine.org/rcffc/article/view/fx18.20/1339 et L. Demanze, *Un Nouvel Âge de l'enquête*, Paris, José Corti, 2019.

25. A. Ghosh, *Le Grand Dérangement, op. cit.*, p. 30 (traduction modifiée).

26. A. Ghosh, *Le Grand Dérangement, op. cit.*, p. 30.

27. *Ibid.*, p. 44.

Ces événements ne sont rien d'autre que le *réel*, ce qui résiste à la symbolisation, ce qui n'entre pas dans les cadres grâce auxquels la littérature légitime représente la « Nature ». Le roman réaliste a fermé autour de l'« Homme » le cercle du représentable. Il a chassé les puissances non humaines hors du figurable et donc du pensable. L'effort du roman moderne porte depuis le XVIIe siècle au moins sur la représentation de l'expérience subjective : il suffit de rappeler l'extraordinaire sophistication et la grande diversité des modes d'exploration de l'intériorité qu'il a inventés, du roman-mémoires à l'usage du style indirect libre et à celui du monologue intérieur[28]. Cette évolution l'a conduit à se concevoir comme le lieu de l'expression d'une expérience authentique. Mais lui échappe alors tout ce que l'expérience ordinaire ne saisit pas, tout ce qui échappe au type d'attention qu'elle mobilise, tout ce qui demeure hors de ses cadres symboliques et imaginaires. Ainsi, pour Ghosh, la fiction littéraire doit s'émanciper de ce cadre pour rendre compte du dérèglement climatique.

Si l'on conçoit la littérature comme l'expression d'une expérience authentique, inévitablement la fiction en viendra à être considérée comme « fausse ». Mais le projet de la fiction ne doit pas être de reproduire le monde tel qu'il existe ; ce que rend possible la fiction – et par là je ne veux pas simplement m'en référer au roman, mais aussi à l'épopée et au mythe – c'est [...] de concevoir le monde comme s'il était autre : en bref, la grande et irremplaçable potentialité de la fiction est qu'elle permet d'imaginer des possibles. Et imaginer d'autres formes d'existence humaine est exactement le défi que pose la crise climatique : le réchauffement planétaire montre avec évidence que penser le monde uniquement tel qu'il est constitue une recette parfaite pour aboutir à un suicide collectif. Nous devons plutôt envisager ce qu'il pourrait être. Cependant, à l'instar de nombreux autres aspects étrangement inquiétants de l'Anthropocène, ce défi ne nous est apparu qu'au moment où la forme d'imagination la mieux à même de répondre à la question – la fiction – se transformait pour prendre un tour radicalement différent[29].

Le réalisme du roman moderne repose sur la limitation du temps et de l'espace représentés à une mesure humaine. Les durées et les étendues incommensurables avec l'expérience subjective en sont à peu près complètement bannies, or ce sont celles-ci qu'il faut représenter pour comprendre le réchauffement climatique. Pour raconter la catastrophe en cours, il faut un changement d'échelle et de perspective : un saut vers le temps long et les grands espaces qui permette de voir les processus lents et les interconnexions planétaires en jeu, et un regard qui dépasse celui de l'individu humain ou le déplace vers l'animal, la machine ou un autre type d'être. S'ils demeurent minoritaires, les efforts en ce sens existent. Ils viennent de divers horizons : science-fiction, romans apocalyptiques et dystopiques, fictions du posthumain, histoires d'animaux, de métamorphoses ou d'hybridation, fables philosophiques, etc. Toutes ces formes ont en commun avec l'utopie d'imaginer un monde à partir d'un postulat abstrait : que se passerait-il si... ?

28. Pour une présentation de ces procédés, voir D. Cohn, *La Transparence intérieure* (1978), Paris, Seuil, 1981.
29. A. Ghosh, *Le Grand Dérangement, op. cit.*, p. 149, traduction modifiée.

On pourrait objecter à cette thèse qu'il n'y a là qu'un conflit interne à la littérature et que les écrivains des XIXᵉ et XXᵉ siècles n'ont pas cessé d'inventer des formes adéquates au monde qu'ils avaient sous les yeux. Et on pourrait citer à l'appui de cette objection quelques dystopies modernes tenues pour des chefs-d'œuvre : *Nous*, *Le Meilleur des mondes*, *1984*, etc. Ce serait faire peu de cas des mécanismes de légitimation spécifiques du champ littéraire et de leurs effets sur la réception et l'impact des œuvres. Encore aujourd'hui, ces fictions doivent être légitimées, comme si leur détermination générique devait se payer de l'exclusion du centre du champ. Les dystopies ne sont encore que tolérées à la périphérie de celui-ci et même les plus connues ne sont souvent célébrées par les critiques qu'en raison d'une extraction générique qui permet, en les sauvant de l'infamie qui frappe les genres mineurs, de les intégrer à la littérature générale [30].

Imaginer des utopies

L'utopie aurait pourtant des arguments à faire valoir pour gagner sa place au centre du champ littéraire. Fredric Jameson y voit le genre où se trouvent réunis « le chemin de l'expérience existentielle » et « celui du temps historique et de ses pressantes interrogations du futur ». L'utopie permettrait ainsi de conjuguer le récit de l'expérience individuelle d'un sujet et celui de son inscription dans une histoire qui le déborde, non à la manière dont le roman historique pouvait le faire au XIXᵉ siècle, mais en mettant l'histoire sous la perspective de son achèvement. Dans l'utopie selon Jameson, « le temps existentiel est pris (*taken up*) dans un temps historique qui constitue aussi, paradoxalement, la fin du temps, la fin de l'histoire » [31]. Si nous définissons ainsi l'utopie, non selon les critères formels et thématiques de la critique et de la théorie littéraires [32], mais comme dépassement et subsomption du récit de l'individu dans une histoire sous tension de sa propre fin, se révèle la dimension utopique de toute œuvre qui ne se satisfait pas de la représentation ordinaire de l'expérience subjective, mais intègre celle-ci à un horizon historico-eschatologique. C'est d'ailleurs la démarche de Jameson, qui englobe sous la même définition *L'Utopie* de More, les utopies narratives des XVIIᵉ et XVIIIᵉ siècles, les utopies socialistes du XIXᵉ et les romans utopiques de la

---

30. Un exemple récent en est l'édition des œuvres de George Orwell en Pléiade, collection qui en France vaut intégration au panthéon des écrivains. Dans ce volume, la notice de *1984* prend grand soin d'expliquer que ce roman « ne s'inscrit qu'imparfaitement, ou très superficiellement, dans [la] tradition » de la science-fiction et de l'utopie, et au contraire s'en « sépare de manière radicale ». Pour légitimer la dystopie d'Orwell, il faut affirmer qu'elle n'en est pas une. G. Orwell, *Œuvres*, édition publiée sous la direction de Philippe Jaworski, Paris, Gallimard, « Pléiade », 2020, p. 1504.

31. F. Jameson, *Archéologies du futur. Le désir nommé utopie*, trad. fr. N. Vieillescazes et F. Ollier, Paris, Max Milo, 2007, p. 32-33. Pour le texte anglais, voir *Archaeologies of the Future. The Desire Called Utopia and Other Science Fictions*, London-New York, Verso, 2005, p. 7.

32. Ainsi la définition devenue classique de Raymond Trousson selon lequel il y a utopie « lorsque, dans le cadre d'un récit (ce qui exclut les traités politiques), se trouve décrite une communauté (ce qui exclut la robinsonnade), organisée selon certains principes politiques, économiques, éthiques, restituant la complexité de l'existence sociale (ce qui exclut le monde à l'envers, l'âge d'or, Cocagne ou l'arcadie), qu'elle soit présentée comme idéal à réaliser (utopie positive) ou comme la prévision d'un enfer (l'anti-utopie), qu'elle soit située dans un espace réel, imaginaire ou encore dans le temps, qu'elle soit enfin décrite au terme d'un voyage imaginaire vraisemblable ou non ». R. Trousson, *Voyages aux pays de nulle part*, Éditions de l'université de Bruxelles, 1999, p. 24. Pour un tour d'horizon des définitions de l'utopie littéraire, voir C. Braga, *Pour une morphologie du genre utopique*, *op. cit.*

modernité, jusqu'à la science-fiction américaine des années 1970. Le premier serait d'élargir la bibliothèque utopique à des textes qui ne sont pas des utopies *stricto sensu*, c'est-à-dire des descriptions de cités idéales ou de systèmes de gouvernement meilleurs, permettant une critique du monde de référence, mais des fictions qui, sans présenter nécessairement de tels tableaux, en indiquent la possibilité et le souhait, comme les romans de science-fiction que Jameson analyse. Le deuxième avantage serait de dépasser la contradiction entre l'individu et la collectivité que les adversaires de l'utopie soulignent pour réduire le genre tout entier à une préfiguration des enfers totalitaires. En effet, de la rationalité des gouvernements utopiques qui revient, chez More et pendant tout l'âge classique, à prescrire dans le détail les comportements individuels (de la manière de s'habiller à celle de se loger en passant par l'organisation des repas et les règles matrimoniales dans *L'Utopie* par exemple), on a pu déduire que l'utopie supprime la liberté pour préserver indéfiniment la stabilité de la cité et de son régime[33]. Faire du point de vue d'un sujet et de l'« expérience existentielle » qu'il développe dans la durée, c'est-à-dire de son histoire subjective, un élément de définition de l'utopie à égalité avec la représentation de la cité dans son historicité particulière, coupe court à cette critique. Enfin, un troisième avantage vient du fait que la définition de Jameson permet d'imaginer de nouvelles expériences et connexions aux autres, humains et non-humains, qui sont à la fois de nouvelles manières subjectives de voir et de sentir et de nouvelles manières de faire monde.

On peut trouver de telles constructions utopiques dans des genres narratifs très différents les uns des autres. Trois exemples suffiront ici, les deux premiers très brefs, le troisième plus développé. Le premier illustrera la possibilité d'inscrire un élan utopique dans un roman apocalyptique, pour peu qu'il mette en intrigue la recherche de nouvelles formes sociales et culturelles après l'effondrement de notre civilisation. C'est le cas de *L'Aveuglement* où José Saramago raconte une épidémie de cécité qui se répand pour affecter tout un pays – et sans doute au-delà[34]. Seule une femme, inexplicablement, demeure indemne, or, au contraire des autres personnages, qui ont tenté de s'isoler pour échapper à l'épidémie, elle a choisi de simuler la cécité pour partager les épreuves des aveugles, éprouver leur condition et les accompagner jusqu'à l'abjection quand ils sont réduits aux pires extrémités pour survivre. Dans une certaine mesure, elle est un Christ profane. Dans une certaine mesure aussi, elle définit une résistance inédite à la déchéance d'une humanité guidée par l'intérêt égoïste. À travers elle, le roman suggère une humanité qui ne serait pas aveuglée par l'intérêt individuel, mais guidée par un amour inconditionnel, et qui s'éprouverait dans une solidarité indéfectible. Elle incarne le refus du calcul et l'horizon d'une humanité ordonnée au don de soi et à la reconnaissance de la singularité d'autrui : on peut y voir la conjugaison de l'expérience existentielle, de l'histoire d'une communauté et de la perspective eschatologique dans laquelle Jameson définit l'utopie.

▨ 33. C'est la thèse hostile à l'utopie en général de G. Lapouge, *Utopie et civilisations* [1973], Paris, Albin Michel, 1990.
▨ 34. J. Saramago, *L'Aveuglement* [1995], trad. fr. G. Leibrich, Paris, Points-Seuil, 1997.

Dans le genre tout à fait différent de la fable philosophique, *Vivre avec le trouble* de Donna Haraway [35] donne forme positive à l'élan utopique. Ce sont, à la fin du livre, les « Histoires de Camille » qui racontent l'évolution de la vie sur Terre de nos jours à l'an 2425. Elles commencent avec la fondation de communautés autonomes qui tissent des réseaux entre elles et forment dans le « monde abîmé » [36] des ruines de la modernité un monde où il y a de la place pour de multiples mondes humains et animaux. L'incipit du récit en situe l'enjeu :

> Par chance, Camille vint au monde lors d'une irruption planétaire, puissante et inopinée de communautés entrelacées. Chacune d'entre elles comptait une centaine de personnes. Elles étaient mues par le besoin de migrer vers des lieux en ruines et de s'atteler, avec des partenaires humains et non-humains, à leur guérison en construisant les réseaux, les chemins, les nœuds et les toiles d'un monde nouvellement habitable [37].

Échelle planétaire, récit de la formation de collectivités, multiplicité des agencements, attention aux liens plutôt qu'aux identités, respect du vivant : la fable de Haraway fabule la « guérison » du monde plutôt que sa « réparation » [38]. Le choix de la métaphore est important : il dit que le monde est vivant et que c'est de soin qu'il a besoin. L'utopie lui donne la forme de la diminution du nombre d'humains grâce au contrôle des naissances et de l'hybridation de nombre d'entre eux avec divers animaux. Ces deux formes de soin insistent sur le lien. S'il faut faire moins d'enfants, c'est en réinventant la parentalité (d'où le slogan *make kin, not babies* [39]) et s'il faut s'hybrider avec (par exemple) des papillons, c'est pour mieux les connaître et faire monde avec eux afin de « donner aux papillons et à leurs humains […] une chance d'avoir un avenir à une époque caractérisée par les extinctions de masse » [40].

Les fables de l'hybridation, en partie issues du vieux fonds mythologique de la métamorphose, mais surtout inspirées par l'idée contemporaine de l'entrelacement et de l'interdépendance des formes de vie sur Terre, s'articulent avec l'utopie pour imaginer des liens « sensibles et sensés » [41] entre humains et non-humains – enjeu crucial aujourd'hui quand la catastrophe menace l'ensemble du vivant. Parmi les œuvres contemporaines qui fondent l'élan utopique sur la réinvention de ces rapports, le roman d'Alain Damasio *Les Furtifs* [42] en propose une représentation particulièrement élaborée et stimulante. Il commence avec une dystopie poussant à la limite de la caricature les évolutions du capitalisme contemporain : privatisation des villes, marchandisation des espaces urbains et des services publics, surveillance numérique intégrale de la population. Une politique ultra-libérale évoquant celles que nous connaissons depuis les années 1980 assure le consentement général au règne de la

■ 35. D. Haraway, *Vivre avec le trouble* [2016], trad. fr. V. Garcia, Vaulx-en-Velin, Les Éditions des mondes à faire, 2020, p. 287-346.
■ 36. « Vivre dans un monde abîmé », *Critique* 860-861, 2019.
■ 37. D. Haraway, *Vivre avec le trouble*, op. cit., p. 294.
■ 38. A. Gefen, *Réparer le monde. La littérature française face au XXIᵉ siècle*, Paris, José Corti, 2017.
■ 39. D. Haraway, *Vivre avec le trouble*, op. cit., p. 307.
■ 40. *Ibid.*, p. 317.
■ 41. *Ibid.*, p. 169.
■ 42. A. Damasio, *Les Furtifs*, Clamart, La Volte, 2019.

valeur et de la technique. Dans ce monde où aucune alternative politique ne semble pouvoir s'ouvrir, ce sont les « furtifs » qui rendront une révolution possible. Ceux-ci sont d'abord présentés comme des animaux encore très mal connus : experts dans l'art de la fuite, de l'esquive et de la dissimulation, ils résistent à tous les efforts des humains pour les étudier, grâce à des capacités physiques extraordinaires. Capables de se mouvoir à la vitesse du son, ils sont métamorphes, peuvent incorporer n'importe quelle matière, organique ou non, et s'hybrider avec n'importe quel être vivant. On reconnaît là ce que le théoricien de la science-fiction Darko Suvin appelle un *novum* : une invention propre au monde fictionnel et dont l'étrangeté, susceptible d'une explication rationnelle (au contraire de celle des monstres du fantastique ou des merveilles de la *fantasy*), conduit le lecteur à prendre un recul critique sur son propre monde. Suvin voit dans le *novum* un élément déterminant de la « distanciation cognitive » qui selon lui caractérise la science-fiction [43].

Le personnage principal du roman est entré brièvement en contact avec un furtif. Depuis lors, il a développé un talent nouveau pour fuir et se cacher. Il identifie ses nouvelles dispositions à celles des furtifs. Or, quand il les explique à autrui, il n'en rend pas compte comme de simples sensations, mais esquisse plutôt une vision du monde :

> C'est comme si les choses devenaient irréelles... L'espace, les gens... Qu'elles ne sont plus tout à fait là... ou plutôt qu'elles pourraient être autre chose que là, ailleurs que là... qu'il y a comme du flottement natif en elle [*sic*], une couche de possible qui vient se superposer... ça se clive, ça se feuillette, ça se dédouble... [...] J'ai juste l'impression de me parler au conditionnel... *Le flic serait entré, j'aurais fui par la fenêtre, le concierge appellerait...* tu vois le genre ? Je dérive parmi le possible, l'alternative... [44]

Ce qu'il présente ici est une ontologie ou plutôt une anti-ontologie. Les choses ne sont pas ce qu'elles paraissent : on peut les percevoir à la manière des furtifs dans le « flottement natif » où elles ne sont pas encore déterminées et se « dédoublent » ou, plus vertigineusement, se « feuillettent ». Les êtres ne sont pas identiques à eux-mêmes et ne s'appréhendent que dans le devenir qui les fait muter. L'épanorthose « être autre chose que là, ailleurs que là » n'est pas une simple correction : elle exprime la plasticité des choses ainsi envisagées, ou plutôt la diversité des modes par lesquels elles peuvent être perçues. Les choses ne sont identiques à elles-mêmes que sous un certain mode. Changer de mode, c'est voir autre chose. Passer en mode furtif permet de « superposer » le possible à l'actuel pour ouvrir l'éventail de l'action. C'est le possible qui précède l'être et non le contraire. Le choix grammatical du conditionnel suggère que le personnage exprime ainsi le primat du mode, qui vient avant l'action, qui elle-même vient avant le corps. On comprend dès lors que les furtifs ne sont pas des créatures fantastiques, ni des créatures merveilleuses comme en créent les univers de *fantasy* : s'ils ne sont pas

43. D. Suvin, *Metamorphoses of Science-Fiction. On the Poetics and History of a Literary Genre* (1979), Berne, Peter Lang, 2016.

44. A. Damasio, *Les Furtifs, op. cit.*, p. 280-281.

réductibles à une explication scientifique, ils relèvent d'une pensée rationnelle d'ordre philosophique.

Les furtifs, avec leur extraordinaire plasticité, leur vitesse de mouvement, leur mutabilité, incarnent ce perspectivisme d'inspiration deleuzienne dans lequel l'antécédence du mode libère le devenir. Ils n'ont pas d'essence, pas d'intériorité, pas d'identité. Ils échangent sans cesse la matière qui les compose avec celle qui les environne : ils ne sont rien de reconnaissable, rien d'assignable et même rien de représentable. Ils sont « une forme encore pure de la vie »[45], le vif du vivant. Ils se transforment, ils deviennent, ils ne sont à proprement parler rien : aucun prédicat ne peut leur être appliqué. Un personnage de philosophe les définit comme une « force » :

> Force automorphe et exomorphe capable d'agencer en elle matériaux disparates et rebuts contradictoires, pour s'obliger non pas à des évolutions mais à des transductions, se pousser à se dédifférencier, s'aménager des différences de potentiel qui leur garantiront toujours de très hauts niveaux d'intensité interne. Les furtifs [...] incarnent la forme la plus élevée du vivant précisément parce qu'ils ont renoncé à la forme parfaite[46].

Le même personnage voit en eux pour ces raisons des « hyper-vivants », « nés avec les premières cellules »[47] et possiblement à l'origine même de la vie. Si les furtifs sont des êtres vivants, ils sont surtout le principe de la vie en eux. Reconnaître leurs capacités, c'est accepter la furtivité potentielle de tout vivant. La furtivité est le mouvement, l'impermanence, la métamorphose, dont le roman fait les caractéristiques premières du vivant. Le monde est donc peuplé de furtifs que nous ne savons pas reconnaître :

> [...] des oiseaux d'un bleu si mimétique du ciel que tu ne les vois pas voler. [...] la lumière sur la mer, l'écume agitée, les rides du vent sur l'eau, les nuages, les dunes de sable qui chantent, la neige qui transforme – tout ça était des furtifs automorphes que les humains perçoivent comme une manifestation poétique[48].

Les furtifs expriment la poésie du monde. C'est pourquoi ils sont sensibles à la voix, à la musique et surtout au chant. Et c'est par là que les humains peuvent entrer en contact avec eux, ainsi que l'explique le philosophe à un jeune disciple :

> [...] la voix est un pont entre le langage et le corps. Entre le sens et le son. C'est sur ce pont que les furtifs et les humains peuvent se rencontrer et échanger quelque chose. C'est en ce point de fusion que la synaptique humaine et la métamorphose des corps se touchent.
>
> Si je te suis, ce serait quand on discute qu'on est le plus proche d'un furtif...

■ 45. A. Damasio, *Les Furtifs, op. cit.*, p. 398.
■ 46. *Ibid.*, p. 397.
■ 47. *Ibid.*, p. 403.
■ 48. *Ibid.*, p. 680.

Discuter, ça reste très étrange ... C'est sculpter de l'air ensemble, par la voix.
C'est utiliser nos corps, le ventre, la trachée, notre bouche, pour fabriquer des objets sonores – qu'on s'échange et qui nous changent, en profondeur. Discuter, c'est comme accepter de se transformer, l'un par l'autre ...

Dismuter ... [49]

Si discuter est déjà « muter », c'est que discuter fait entrer les interlocuteurs dans un devenir et mobilise la furtivité dont ils sont capables. Mais si discuter fait entrer en *mode furtif*, que dire d'autres usages de la parole ? La littérature nous relie plus fortement à notre furtivité [50]. Ainsi un écrivain fait-il l'hypothèse, à la fin du roman, que la lecture à haute voix d'un grand poème peut faire naître un furtif. D'autres prétendent qu'un roman est « une chaîne d'adn sonore » et la narratrice affirme que « la musique peut créer un furtif » [51]. Un épisode du roman semble le confirmer, quand une manifestation se heurte aux chars des forces de l'ordre et l'emporte grâce à sa fanfare qui, alliée aux furtifs, éveille parmi la foule une puissance qu'elle s'ignorait :

> Quelque chose dans la musique mêlée aux mots, dans cette harde furtive articulant ensemble une langue, dans cette horde d'humains composant ensemble des cris animaux et les harmonisant, faisait résonner au fond de tous les corps présents ce soir-là une puissance commune, une vie longtemps engrenée qui germait par saccades, cassait ses coques, libérait des facultés, en retrouvait le frémissement et la joie d'agir [52].

Ici le chant est défini comme la forme d'expression la plus intime et la plus collective, la plus immédiate et la plus archaïque, et c'est pourquoi il exprime et libère la puissance vitale de chacun et de tous. L'affrontement se termine par une victoire totale des manifestants, qui poursuivent leur mouvement en créant en plusieurs lieux des communautés utopiques. Le roman, qui avait commencé avec la description d'un cauchemar dystopique, s'achève en essaimant des petites sociétés dont la multiplication promet de remettre en cause le modèle néolibéral dominant. La puissance que le chant a libérée aura été révolutionnaire. Ces communautés allient humains et non-humains en faisant fond sur la furtivité : celle-ci nourrit leur ontologie et leurs valeurs. On voit alors que devenir furtif est un possible qui s'ouvre dès lors que la furtivité est reconnue comme mode et non plus niée. Aussi, la fin du livre dépasse-t-elle le registre de la satire pour se situer dans l'affirmation pure : affirmation des devenirs et accord avec le vivant. Ici, le roman se fait hymne, il déploie tout son lyrisme, il devient chant : il s'agit de susciter la furtivité de son lecteur.

■ 49. A. Damasio, *Les Furtifs, op. cit.*, p. 683.
■ 50. Remarquons en passant que Damasio ne fait pas grand cas du partage de la littérature légitime et des littératures périphériques : il s'inscrit volontairement dans le genre minorisé de la science-fiction avec l'ambition d'élaborer une œuvre littéraire qui rivalise avec les plus sophistiqués des romans qui occupent le centre du champ. Il réitère ainsi le geste de tous les révolutionnaires en littérature qui, si leur coup porte, déplacent d'un coup tout le champ. Voir P. Bourdieu, *Les Règles de l'art, op. cit.*, p. 221-228.
■ 51. A. Damasio, *Les Furtifs, op. cit.*, p. 677.
■ 52. *Ibid.*, p. 673.

Dans le dernier chapitre du roman, les devenirs furtifs s'esquissent. Une loi « privilégiant l'usage d'un territoire sur sa propriété stricto sensu a été adoptée pour les espaces naturels [...], ce qui ouvre la porte à plusieurs manières d'habiter les forêts, les bocages … ou les fleuves »[53]. Une communauté de militants se saisit de cette possibilité pour vivre sur le Rhône, naviguant sur trois péniches, expérimentant une vie nomade et animant, pour les riverains qu'ils rencontrent en descendant le fleuve, des ateliers les initiant à leur nouveau mode de vie, agrégeant çà et là des compagnons de route. Ils ne préparent pas une révolution et n'établissent pas de plans pour l'avenir : leur utopie est ici et maintenant. La narratrice du chapitre l'exprime ainsi : « je ne me projette plus, c'est fini ça, je ne cherche plus d'outre-monde, de futur-mieux, je ne fais plus de projets, de plans sur la comète, parce que la comète, c'est devenu moi, c'est nous, ici »[54]. L'accord du « moi » et du « nous », de l'individu et du collectif, se réalise dans la furtivité, le changement permanent, l'ouverture au devenir, le mouvement symbolisé par la « comète ». Le récit laisse entendre que cette communauté a des équivalents ailleurs et ses membres imaginent leur prolifération : « Si tu multiplies un peu partout ces communes, avec chacune bricolant ses modèles politiques, ancrés dans le local, articulés au vivant, ce sera au final plus viable que de vouloir imposer un contre-modèle unique »[55]. L'esquisse n'ira pas plus loin : le roman ne propose pas un modèle, ne décrit pas une utopie achevée. Il ne peut pas laisser la commune s'installer et se figer : pour être fidèle à elle-même, elle doit rester en mutation permanente. Il n'y a donc pas d'image fixe de l'utopie, ce qui en contredirait la furtivité, mais un mouvement vers un horizon : la tentative de conjoindre la furtivité au présent et son développement dans le temps. Mais si le roman peut représenter la première, il ne peut qu'indiquer la possibilité du second. C'est pourquoi il se termine quand les péniches arrivent en vue de la Méditerranée : l'horizon se dégage et s'élargit à l'infini, l'utopie revient à son signifiant, *ou-topos*, lieu de nulle part.

Rassembler et utopiser

Il est temps de rassembler les fils que nous avons déroulés. Contre les discours de l'effondrement, qui prophétisent l'écroulement des sociétés modernes au risque de masquer les véritables enjeux du « processus de décivilisation »[56] contemporain, il importe de produire d'autres récits de la crise planétaire. Mais ceux-ci ne projettent un meilleur éclairage sur la situation que s'ils parviennent à mettre en intrigue les clivages des populations devant la catastrophe, les inégalités en raison desquelles les mêmes événements ne produisent pas les mêmes effets pour tout le monde. Ils ne représentent pas mieux notre époque s'ils ne l'ouvrent pas sur l'avenir en feignant d'oublier que la fin d'un monde est toujours le début d'un autre. Et pour sortir de l'impasse commune aux modernes et aux collapsologues, il leur faut encore dépasser l'illusion partagée par ceux-ci que les humains sont les seuls sujets

53. A. Damasio, *Les Furtifs*, *op. cit.*, p. 676.
54. *Ibid.*, p. 680.
55. *Ibid.*, p. 686.
56. B. Latour, « La lutte des classes sera géosociale », *Socialter*, hors-série « Bascule », 2021, p. 54.

de l'histoire. Or, si on fait de ces trois conditions les critères à l'aune desquels juger les récits du contemporain, il faut admettre que la littérature dominante n'est pas toujours, loin de là, à la hauteur du défi. L'esthétique même de la littérature moderne l'a écartée des enjeux les plus importants. La modernité littéraire, demande Amitav Ghosh, n'a-t-elle pas jeté « les écrivains et les poètes [...] dans des directions qui les rendaient réellement aveugles à ce qu'ils pensaient précisément voir ? Et si tel fut le cas, ne serait-ce pas là un réquisitoire accablant contre cette conception des arts allant toujours de l'avant, irréversiblement, grâce à l'innovation et à la libre poursuite de l'imagination ? »[57]. Pour éviter l'aveuglement, sans doute la littérature doit-elle renoncer aux formes éprouvées du roman réaliste et, plus largement, aux formes de la modernité. Ce qui ne veut pas dire que les formes mineures seraient par nature préférables. On a suggéré ici que l'utopie possède des atouts pour représenter, mieux que d'autres formes littéraires, la catastrophe en cours. Encore faut-il comprendre l'utopie moins comme un genre défini par d'étroits procédés formels que comme la recherche de solutions narratives visant à inscrire la représentation de l'expérience subjective dans une histoire sous tension de sa propre fin, c'est-à-dire, comme le genre dans lequel le sujet se comprend dans un horizon uniment politique et eschatologique. Les formes de l'utopie ainsi comprise sont multiples comme on a essayé de l'indiquer avec quelques exemples, de la fable philosophique au roman politique en passant par la science-fiction – et les quelques œuvres abordées ici n'épuisent pas ses possibilités. Sans doute la littérature se trouve-t-elle aujourd'hui à un point de bascule d'où elle peut se retourner sur son histoire des deux derniers siècles avec un œil critique, et se demander à quelles conditions cesser d'être complice de la destruction. Utopie ou effondrement pourrait être la formule de l'alternative : consentir aux discours effondristes ou inventer les formes d'un récit du présent qui fraie un chemin hors de l'impasse.

Jean-Paul Engélibert
Professeur de littérature comparée, UR 24142 Plurielles, université Bordeaux Montaigne

57. A. Ghosh, *Le Grand Dérangement, op. cit.*, p. 145.

SITUATIONS

DE L'UTOPIE !
Entretien avec Pierre Macherey

Pierre Macherey est philosophe, professeur honoraire à l'université de Lille. Rattaché à l'UMR « Savoirs Textes Langage » du CNRS, il continue d'animer un blog « La philosophie au sens large » dont les travaux sont publiés sur le net (https://philolarge. hypotheses.org/). Il a écrit de nombreux ouvrages, aussi bien en philosophie (sur Spinoza, Hegel, Marx, Comte, Canguilhem, Foucault) qu'en littérature et sur la manière de philosopher avec la littérature (*Philosopher avec la littérature* est la reprise de sa thèse soutenue en 1991 ; mais il y a aussi, par exemple : *Proust. Entre littérature et philosophie ; En lisant Jules Verne*). Son dernier ouvrage s'intitule *À l'essai* (Paris, Kimé, 2019). Sur l'utopie, il a notamment écrit : *De l'utopie !* (Le Havre, De l'incidence éditeur, 2011) ainsi que « Utopie et quotidien : les deux faces d'une même réalité ? », article publié dans Peggy Avez, Louis Carré et Sébastien Laoureux (dir.), *Utopie et quotidien. Autour de Pierre Macherey* (Bruxelles, Presses de l'Université Saint Louis, 2016).

Cahiers Philosophiques : *Qu'on la prenne aussi bien dans sa forme « classique » ou « sociale » – distinction que vous proposez pour retracer l'histoire de l'utopie – vous dites à chaque fois que l'utopie est et demeure une fiction, qui ne vaut que pour sa dimension critique, pas à titre de projet devant être réalisé. L'utopie est une construction de l'imagination, une divagation, dont l'intention est de faire sentir que « quelque chose manque » en accord avec Ernst Bloch. Sur ce point, vous insistez de manière très intéressante sur l'importance des détails donnés par les utopistes pour décrire leurs visions ou conceptions. Pouvez-vous, pour commencer, nous expliquer cette puissance de l'imagination qui fait la force de l'utopie ? Est-elle paradoxalement de nous immerger dans un monde qui paraît tout aussi réel, voire davantage, que le réel institué, par le soin accordé aux détails ?*

Pierre Macherey : L'utopie, dès l'origine, a entretenu avec le « réel » une relation paradoxale. Comme l'indique son nom, tel que More le lui a donné, elle se situe par définition hors lieu et n'a pour site d'implantation que l'imagination. Il faut pourtant se garder d'interpréter ce statut comme l'indice d'un manque, d'une déficience dont on pourrait tirer argument pour la disqualifier : n'étant en fin de compte qu'un jeu de l'esprit, elle ne se prêterait pas à être prise au sérieux. Or, si en dépit de tout elle a quand même accès au réel, c'est par le biais de ce jeu qui lui confère une liberté de ton sans pareille et l'autorise à des audaces que ne bride aucun souci de conformité à des modèles préalables, aucun conformisme en conséquence. Mais cela ne l'empêche pas d'être potentiellement « exacte » à sa manière. Potentiellement, car toutes les utopies, – et la production utopique est considérable –, ne se tiennent pas au même niveau et ne sont pas de la même force : nombreuses ne tiennent pas la route, tout simplement parce que, n'ayant rien d'intéressant à dire, elles ennuient. Alors, comment parler à leur propos, à propos du moins de certaines d'entre elles, d'exactitude ? Exactes, elles le sont ou elles peuvent l'être d'abord dans la forme : c'est à ce résultat que tend l'accumulation des détails qu'elles rassemblent par les moyens du style, ce qui, à force, finit par procurer ce qu'on peut appeler un effet de présence concrète, c'est-à-dire l'impression qu'on est en face de quelque chose qui tient debout, qui résiste et se suffit à lui-même, comme un monde à part entière. Mais elles le sont aussi par le contenu, dans la mesure où elles se tiennent en prise sur une actualité historique à laquelle elles opposent un démenti flagrant : l'utopie de More est une critique cinglante de l'Angleterre de son temps, inattendue de la part de l'important responsable politique et religieux qu'il était personnellement ; lorsque Fourier s'attaque aux faux prestiges de la « Civilisation », c'est-à-dire peut-on dire de la société bourgeoise, – c'est bien ainsi que ses contemporains l'ont compris –, il se livre à une intervention historique dont on peut contester la pertinence et l'efficacité, ce qui n'empêche qu'elle ait laissé des traces qui aujourd'hui encore sont restées visibles. L'utopie ne s'accommode pas de lectures à l'eau de rose qui l'enferment dans le rôle superficiel de prétexte à une distrayante évasion, même si elle paraît parfois s'y prêter. Elle inquiète davantage qu'elle ne rassure : c'est à ce titre qu'elle est le plus stimulante. Préférentiellement, elle est transgressive, possédée par l'esprit de refus, ou du moins consciente que quelque chose ne va pas : c'est une protestation. Elle agit ainsi sur le réel en en révélant certaines failles, ce à quoi elle parvient en élaborant des contreparties, en construisant des contre-types qui prennent à revers le donné qu'ils contestent. Mais, bien évidemment, cette construction est, prise en elle-même, factice, et seule une pensée magique pourrait lui accorder une valeur pratique allant dans le sens d'une application directe à l'état de chose existant en vue de le modifier ; et lorsqu'une telle application est tentée, soit elle bute sur des obstacles insurmontables, soit, ce qui est pire encore, elle débouche sur des catastrophes. C'est pourquoi, incontestablement, l'utopie est vouée à rester cantonnée dans l'imaginaire : mais, j'y reviens, ce n'est pas le signe d'une insuffisance de sa part ; c'est réellement sa vocation. Lorsque j'ai publié mon livre sur l'utopie, j'en avais envoyé un exemplaire à Alexandre Matheron, le grand spécialiste de Spinoza qui vient de disparaître, et il m'avait écrit une lettre dans laquelle il m'expliquait en détail pourquoi la lecture de mon livre l'avait intéressé, qui se terminait par la phrase, elle est restée gravée dans mon esprit : « Pourtant, je n'aimerais pas vivre en utopie ». Mais, précisément, l'utopie n'est pas faite pour qu'on y vive : c'est la raison pour laquelle elle n'est pas vivable, soit parce qu'elle ne se prête pas à être vécue, soit parce que, si cet obstacle est forcé, elle se révèle invivable. Mais cela ne l'empêche pas d'être, dans le genre qui est le sien, efficace, et en particulier de remplir un rôle de stimulation pour la pensée et pour l'action, plutôt que de modèle et de guide.

Alors, je reviens à votre question, pourquoi le discours utopique dispense-t-il avec une telle insistance des informations sur le détail des modes d'existence qu'il évoque ? Je ne pense pas que ce soit dans un but de propagande, pour rendre ces modes d'existence particulièrement attirants ou désirables : du moins si on en réceptionne ainsi le message, on risque de passer à côté de l'essentiel. L'utopie n'est pas consolante ou consolatrice, elle n'est pas la promesse consensuelle d'un avenir meilleur dont elle anticiperait la venue. Il faut plutôt y voir une réaction à la déception que provoque la rencontre avec l'ordre en place : cette rencontre revêt alors l'allure d'un choc, qui s'accompagne de l'affirmation que l'ordre en question, reconnu inacceptable, doit être remis en question de fond en comble dans une perspective critique. Et pour que cette attitude prenne corps, au-delà d'une réaction affective spontanée et éphémère, il est nécessaire qu'elle s'étoffe de tout un luxe de précisions dont la fonction est descriptive, évocatrice, davantage que prescriptive. C'est pourquoi l'utopie s'intéresse de si près à la vie quotidienne, où on a à résoudre toutes sortes de problèmes concrets sur lesquelles les grandes constructions théoriques dont se gargarise la philosophie politique ont tendance à passer négligemment alors que c'est là peut-être que se jouent l'état présent et l'avenir d'une société, au niveau de ce qu'on appelle aujourd'hui le « sociétal ». À ce niveau précisément, – ressurgit alors la problématique de la fiction –, l'utopie exerce un fort pouvoir de suggestion : il faut qu'on croie y être, et pour cela on a besoin d'un maximum d'informations sur le mode d'existence qu'on y mène, imaginairement s'entend, pour voir sans plus. C'est la raison pour laquelle il est très important que le discours utopique ait pris la forme, non d'un programme politique ou social dont le message serait à prendre à la lettre, mais d'un genre littéraire à part entière, c'est-à-dire d'un travail à caractère narratif sur une matière verbale qui peut revêtir des allures extrêmement virtuoses, étourdissantes, comme c'est le cas chez Rabelais qui se pose comme un héritier direct de More. Les grandes utopies doivent se lire comme des romans. Et les romans d'un type très particulier qu'elles élaborent sont souvent porteurs d'un humour fort noir, à la limite de la mystification (Campanella !) : ce ne sont ni des copies de réalités déjà données dont ils s'emploieraient à relever les caractéristiques, ni des annonces de réalités futures dont ils acteraient la venue salvatrice dans une perspective d'édification. Il ne s'agit de rien de plus que de plaisantes et troublantes fictions qui ont la capacité de ramener à la réalité en la prenant par l'autre côté, à revers et en en investissant les béances, les manques. Par là elles deviennent des jeux extrêmement sérieux, parce qu'elles font réfléchir : du moins c'est ainsi, me semble-t-il, qu'il faut les prendre. Cependant je ne prétends pas que cette approche soit exclusive d'autres qui soient complètement différentes : la production utopique est si riche, si abondante et si diverse, qu'il faut se garder de l'enfermer dans un cadre interprétatif univoque que de toutes façons elle tend spontanément à déborder.

CP : *Vous accordez de nombreuses pages à l'utopie sociale de Charles Fourier. Vous dites qu'il y a « dans la production théorique de Fourier une dimension hallucinatoire qu'il n'est pas permis de nier : mais les procédures ironiques qui en constituent l'accompagnement en maintiennent les effets suspendus »*[1]*. Que faut-il entendre par ces « procédures ironiques » ? Une manière critique de contester ce qu'il appelait la « Civilisation » par la description détaillée du monde de l'Harmonie*

1. P. Macherey, *De l'utopie !*, Le Havre, De l'incidence éditeur, 2011, p. 460.

pour nous le rendre désirable ? Ou bien, plus encore, une distanciation critique qu'il aurait eue lui-même à l'égard de sa propre utopie, comme s'il la jugeait irréalisable ? Pourtant, n'était-il pas lui-même convaincu de la possibilité du « passage subit du chaos social à l'harmonie universelle »[2] ?

PM : Pour moi, Fourier est un grand, un extraordinaire humoriste : Breton a eu raison de l'incorporer à son répertoire de l'humour noir. Du moins c'est comme ça que je le lis, sans prétendre invalider d'autres manières de traiter son œuvre foisonnante qu'il serait d'ailleurs imprudent de réduire à un système bouclé sur lui-même, donc achevé, à prendre ou à laisser en bloc. Chez Fourier, il y a à boire et à manger, et peut-être est-ce ce qui fait sa force singulière : il est le poète renversant de l'utopie, possédé par un esprit d'invention inépuisable qui le transporte parfois aux confins de l'absurde. Croyait-il lui-même à ce qu'il écrivait ? Peut-être, mais ce n'est pas cela qui est le principal. Le principal, c'est l'abondante production littéraire qu'il a laissée, dont la fécondité et la diversité, parfois même l'incongruité, stupéfient : il n'avait vraiment peur de rien ! Lorsque j'ai décidé d'inclure dans mon livre sur l'utopie un développement consacré à une partie de cette production torrentielle, – j'ai alors concentré mon attention sur *Le nouveau monde industriel et sociétaire ou invention du procédé d'industrie attrayante et naturelle distribuée en séries passionnées* (1829), qui est une sorte de fascinant livre-monde qu'on aimerait pouvoir lire dans une édition illustrée par Grandville –, je ne disposais au préalable que d'une connaissance très générale de la pensée de Fourier, en grande partie de seconde main, mais je ne l'avais jamais lu de près, en le suivant pas à pas, à ras des mots. Je dois dire que je suis tombé à la renverse en découvrant à quel point il arrive à être à la fois drôle et inventif : la puissance fictionnelle et fabulatrice qu'il développe fait d'autant plus réfléchir, et réfléchir fortement, qu'on la saisit à même son élan tumultueux, emportée dans son sillage, en se retenant de la soumettre à des paradigmes interprétatifs forcément abstraits et réducteurs qui présentent l'inconvénient d'évacuer les mille et un savoureux détails inattendus que Fourier s'ingénie à parsemer au fil de sa narration. C'est assez difficile à expliquer : quand on fait l'effort de se replacer dans la dynamique du texte, c'est comme si on devenait soi-même un membre du phalanstère, perpétuellement en mouvement, agité, courant d'un lieu à un autre, en train de se livrer avec enthousiasme, sous l'effet de l'attraction passionnée, aux diverses occupations vers lesquelles tourne à différents moments la disposition « papillonne » de l'esprit. Pris dans ce mouvement irrépressible, on multiplie les occasions de rencontrer d'autres trajectoires de vie ; et ces croisements finissent par esquisser un réseau d'activités que le fait de se renouveler sans cesse connecte les unes aux autres de façon de plus en plus serrée. Ce réseau ne cesse de se nouer, de se dénouer, de se renouer, dans une ambiance de libre invention et de fête. En ressort la représentation d'une existence communautaire qui ne se ramène pas à une forme obligée et convenue, à terme aliénante et foncièrement déceptive, mais est saisie en train de se faire, dans une allégresse si entraînante qu'on a parfois du mal à suivre. De la lecture de Fourier, on sort essoufflé, étourdi, ravi.

■ 2. P. Macherey, *De l'utopie !, op. cit.*, p. 458.

CP : *De nombreux travaux historiques, comme par exemple ceux de Stéphanie Roza au sujet de Morelly, Mably, Babeuf, montrent que l'utopie devient progressivement un projet politique ou une « utopie de combat »*[3] *dès le* XVIIIᵉ *siècle, de même qu'il est communément admis que l'utopie cesse d'être littéraire pour devenir pratique au* XIXᵉ *siècle. Karl Mannheim, de son côté, dit que l'utopie devient de plus en plus concrète au cours de l'histoire, en devenant un projet politique qui peut servir de contre-pouvoir pour torpiller l'ordre social institué, et qui n'est utopique qu'à condition de parvenir* effectivement *à le torpiller*[4]. *Il y a aussi les travaux de Miguel Abensour sur le « nouvel esprit utopique » après 1848, esprit dont la démarche d'autoréflexion critique a pour intention d'éviter « la recherche toujours possible de l'utopie dans le mythe »*[5]. *Que pensez-vous de tels travaux ? L'utopie ne peut-elle pas devenir concrète, et ne le devient-elle pas davantage au cours de son histoire ?*

PM : Il est en effet crucial de prendre en compte le fait que l'utopie n'est pas une forme intemporelle, mais qu'elle a une histoire au cours de laquelle elle se confronte à des enjeux différents, forcément décalés entre eux. C'est le grand mérite de Mannheim d'avoir mis ce fait en évidence et d'en avoir entrepris l'analyse. Cela étant admis, il me semble cependant imprudent et à la limite inapproprié de faire rentrer les transformations de la parole utopique dans le cadre d'une histoire à la fois une et unifiée et dont la trajectoire irait dans un sens déterminé en cumulant au fur et à mesure ses acquis ponctuels. En réalité, chaque utopie singulière reprend cette histoire à son point de départ et en renégocie à sa manière les orientations : l'histoire de l'utopie n'est pas progressive, elle n'additionne pas, elle n'imprime pas ; à chaque fois elle repart dans un nouveau sens, en raison de son extrême sensibilité à la conjoncture présente qu'elle appréhende sous ses aspects les plus concrets. La difficulté est alors de comprendre que cette libre recréation n'est pas livrée à l'arbitraire, et d'en tirer les conséquences. L'autre mérite de Mannheim est d'avoir montré qu'aucune production utopique ne s'effectue hors contexte : c'est dans cette perspective qu'il a présenté l'utopie comme étant en dialogue permanent avec l'idéologie qui en est en quelque sorte la figure complémentaire inverse, tirant vers l'arrière alors que l'utopie se présente au contraire comme étant ouvertement prospective (même si cette prospection peut recourir à une forme de conservatisme). C'est sans doute la raison pour laquelle, la chose peut étonner, la figure initiale avec laquelle l'utopie fait selon lui irruption dans le cours de l'histoire est celle, non de More (dont il ne tient aucun compte), mais de Münzer (Bloch fait également ce choix). Or Münzer n'est pas un rêveur ou un littérateur, mais un prêcheur inspiré, voire même halluciné, qui est devenu un chef de guerre : avec lui on est plongé dans l'univers conflictuel et accidenté du théologico-politique ; l'utopie devient alors une arme qui intervient dans des luttes extrêmement meurtrières, qui n'ont rien de fictif mais se déroulent sur le sol de l'histoire concrète (Engels fait commencer l'histoire de la lutte des classes avec la Guerre des Paysans). Est-ce à dire que la

3. S. Roza, *Comment l'utopie est devenue un programme politique : du roman à la Révolution*, Paris, Classiques Garnier, 2015, p. 232.

4. K. Mannheim, *Idéologie et utopie* [1929], Paris, trad. fr. J.-L. Évard, Éditions de la Maison des sciences de l'homme, 2006.

5. M. Abensour, « L'homme est un animal utopique » Entretien avec Miguel Abensour, S. Dayan-Herzbrun *et al.*, *Mouvements* 45-46, 2006/3, p. 80.

dimension imaginaire de l'utopie se trouve de ce fait effacée ? Il n'en est rien : elle a emprunté dans le cas de Münzer les formes eschatologiques du discours religieux, exacerbées et poussées à leur point de rupture, comme l'a avéré l'échec de l'entreprise lancée, orientée et soutenue par cette inspiration. Si Münzer est représentatif à cet égard, c'est dans la mesure où il révèle que l'utopie, ça ne marche pas dans les faits, même quand elle va chercher des garants du côté de l'idéologie religieuse et de ses certitudes, celles fournies par les convictions millénaristes par exemple : il n'est pas arrivé à faire descendre le ciel sur la terre. Mais il n'a pas été vaincu, il n'a pas perdu pour rien : s'il a révélé les défaillances pratiques de l'utopie, il a renforcé l'intérêt théorique qu'on peut lui accorder ; on n'a pas fini de s'interroger sur le sens de son aventure. À cet égard, il est manifeste que les fictions dont l'utopie élabore le récit ne sont pas étrangères aux tumultes de l'histoire réelle auxquels elles font écho et participent à leur manière propre. En particulier, comme je l'ai indiqué précédemment, elles y arrivent en en mettant en valeur les aspects les plus concrets, en particulier ceux qui concernent la vie courante (l'habitat, l'alimentation, l'habillement, les loisirs, les comportements affectifs, etc.). C'est le paradoxe de l'utopie : vue d'un certain côté elle se présente comme un monde à part, quasiment transcendant, vue de l'autre elle est complètement immergée dans ce monde-ci dont elle suit les évolutions au plus près ; c'est ce qui lui permet de remplir auprès d'elles un rôle de révélateur, ou peut-être faudrait-il mieux dire une fonction d'alerte et de mise en garde, en raison de l'extrême attention qu'elle porte aux signes avant-coureurs des catastrophes déclenchées par les désaccords qui minent l'état de choses présent de l'intérieur. Prise de cette manière l'utopie envoie un signal : elle indique que, dans le monde, quelque chose a bougé.

CP : *Venons-en à* L'Utopie *de Thomas More pour interroger d'une autre manière le caractère historique de l'utopie. Dans votre analyse de cette œuvre, capitale à vos yeux, vous vous accordez avec Pierre-François Moreau pour y voir un « roman de l'État »* [6]. *Vous mentionnez l'importance de la « voie détournée » dans le livre I de* L'Utopie. *La solution n'est pas de prendre à la lettre le discours de Raphaël Hythlodée comme s'il était possible de vivre en Utopie, ni d'imposer le vrai, mais de laisser libre cours à l'imagination par la description de la vie quotidienne des Utopiens pour mieux interroger notre propre quotidien. Mais un tel chemin oblique proposé n'est-il pas déterminé par des conditions historiques précises ? Si l'Utopie est une île dans l'œuvre de More, cela ne tient-il pas à l'impossibilité, au XVIe siècle, que l'utopie soit un contre-pouvoir, comme l'atteste l'impossibilité pour Raphaël d'être pris au sérieux à la table du cardinal John Morton dans le livre premier de* L'Utopie ? *Le statut de l'utopie ne change-t-il pas avec l'émergence d'une nouvelle forme d'espace public au XVIIIe siècle, que Claude Lefort appellera de son côté une « désintrication »* [7] *du droit, du pouvoir, et du savoir ?*

PM : Cette manière de présenter les choses me convient parfaitement. L'utopie n'est pas partisane en ce sens qu'elle n'est pas en mesure de s'incarner durablement dans un parti et de participer en tant que telle au jeu politique en vue d'obtenir des succès positifs (c'est ce dont témoigne l'expérience aventurée et malheureuse de Münzer) :

■ 6. P-Fr. Moreau, *Le récit utopique. Droit naturel et roman de l'État*, Paris, P.U.F., « Pratiques théoriques », 1982.
■ 7. Cl. Lefort, *Le temps présent, Écrits 1945-2005*, Paris, Belin, 2007, p. 417.

davantage qu'un pouvoir, fût-ce sous la forme d'un contre-pouvoir, elle incarne une demande, un appel qui ne préjuge pas de la réponse susceptible de lui être apportée. C'est de là qu'elle tire son extraordinaire liberté de ton, caractéristique de la première époque de l'humanisme renaissant. Ce que More raconte au sujet de la geste fabuleuse du roi Utopos, dans lequel on peut voir une réincarnation du grand Alexandre, présente un style qu'on peut dire « carnavalesque », au croisement du cultivé et du populaire, en reprenant l'analyse proposée par Bakhtine du « réalisme grotesque » : un ensemble osé de farces sophistiquées ancrées dans le quotidien proche. Sa narration donne à voir un monde mis à l'envers, qui dans ses plus infimes détails prend le contre-pied de la triste actualité dont il dévoile les insuffisances et les inconvénients. Cela donne lieu à un discours foncièrement ambivalent et parodique, déstabilisant, du type de celui pratiqué par Erasme (grand ami et inspirateur de More) dans son *Éloge de la folie* qui finit par rejoindre la réalité en la prenant par l'autre bout, à contre-pied : au fil de cette voie détournée, est indiqué qu'un changement profond, non seulement serait nécessaire, mais est déjà en train de s'amorcer sans qu'on sache au juste vers quoi il se dirige. C'est un frémissement, mais il se pourrait qu'avec lui tout soit remis en question en partant du bas, c'est-à-dire des aspects de l'existence les plus concrets et les plus insignifiants en apparence, et non en se plaçant au niveau des grandes structures institutionnelles qui ordonnent formellement la société considérée comme un tout préexistant, arqué sur ses structures. L'historien de l'art Hans Belting a consacré tout un livre au triptyque de Hyéronimus Bosch « Le jardin des délices », qu'il met précisément en corrélation avec le livre de More dont il constituerait une sorte de pendant visuel : ce serait une utopie peinte, marquée par l'esprit humaniste tel qu'il prenait forme au tout début du XVIᵉ siècle (Bosch est mort en 1516, l'année où a paru l'*Utopie* de More). Dans le panneau central du triptyque, qui renvoie sur les panneaux latéraux la représentation de l'enfer et du paradis, ce qui est une manière de relativiser les grâces avantageuses de l'un et les horreurs inconfortables de l'autre, on est ahuri de voir une humanité se livrant sans frein et sans vergogne à des plaisirs qui, tout autant qu'ils sont inenvisageables dans le monde d'en bas, celui de la vie terrestre sous sa forme actuelle, seraient formellement interdits dans le monde d'en haut, celui que la religion officielle évoque sous une forme prescriptive : c'est la vision débridée, quasiment hérétique, – comment cet ensemble pictural réalisé à l'intention d'un commanditaire privé a-t-il pu se retrouver à l'Escurial, palais du roi très chrétien d'Espagne ? – d'un éden virtuel, libéré de toutes règles, totalement offert à la satisfaction de désirs humains trop humains ; il est permis de parler à ce propos d'un monde complètement à l'envers, saisi dans un moment festif et enchanté qui, s'il se produit, ne peut le faire que de manière exceptionnelle, dans une ambiance éphémère. C'est comme un rêve : cela peut faire penser au *Brigadoon* de Vincente Minnelli qui est une utopie filmée (et dansée). Alors, comment maintenir à cet égard la thèse d'une inscription de l'utopie dans le réel ? Le biais par lequel on peut le faire est qu'un rêve de ce genre, visionné hors réalité effective, comme cela arrive quand on est endormi et peut-être aussi lorsque des pratiques artistiques se donnent pour mission de faire rêver à l'impossible, est la manifestation pressante d'un désir intime : ce dernier est, lui, on ne peut plus réel, précisément en raison de l'urgence dont il est porteur qui signale que quelque chose est en train de se passer, un ébranlement s'est produit, de nouvelles nécessités émergent auxquelles l'imagination prête des formes provisoires, qui ont valeur d'esquisse, comme dans un murmure, mais pas plus. En ce sens, le livre de More, comme le tableau de Bosch, bien qu'ils présentent tous deux les allures de rêves éveillés dont il serait périlleux de prendre les messages au pied de la lettre, sont corrélés à un moment historique singulier : celui où le genre d'appel libératoire dont ils sont l'expression commence à se faire jour, avec toutes les difficultés qui font obstacle à sa prise en compte, et qu'il parvient à contourner en prenant la voie oblique de l'imaginaire, la seule qui reste empruntable lorsque le besoin que traduit cet appel continue à faire l'objet d'un refoulement qui en bloque la satisfaction. Or ce refoulement que la volonté, même appuyée sur une décision rationnelle, est impuissante à lever, n'a certainement lui non plus rien d'imaginaire. Pour que la situation soit débloquée il faut, comme vous le dites, que l'espace public soit complètement remanié suite à l'intervention d'une multiplicité de paramètres qu'il ne va pas de soi d'accorder entre eux, ce qui change la donne : mais cela ne peut se faire en un jour, ni dans le temps d'un rêve ; est nécessaire le mûrissement, forcément lent et accidenté, des conditions qui permettent, non la réalisation point par point de ce dont l'utopie avait fourni le pressentiment, mais un remaniement global de l'état de chose devenu inviable, comme l'utopie l'avait signalé au passage en exerçant sa fonction d'alerte.

CP : *Si l'utopie est plurielle, s'il n'y a pas une utopie mais des utopies en lien avec plusieurs dilemmes que vous clarifiez au début de votre ouvrage* De l'utopie !*, vous faites toutefois de la référence à la nature un trait commun du genre utopique, que ce soit en termes de nature humaine, de dénaturation de celle-ci, ou de nature tout court, par opposition à la culture. Faut-il y voir une propriété décisive et immuable de l'utopie – qui décide définitivement de ce qui peut être utopique ?*

PM : La question que vous soulevez est très difficile, et je ne suis pas sûr de pouvoir y répondre. L'utopie est une forme par définition évanescente, ce qui fait obstacle à ce qu'on lui assigne une essence stable. À l'opposé des pesanteurs de l'idéologie, qui se réclame abusivement des valeurs de l'évidence, l'utopie dispose d'une légèreté qui nourrit et avive son inventivité, sa plasticité, en pleine irresponsabilité ! Comme je l'ai suggéré précédemment, chaque moment de son histoire est un complet recommencement : l'utopie est constamment à l'essai, ce qui la soumet au régime du provisoire. C'est à la fois sa faiblesse et sa force : si on la prend au pied de la lettre, elle se révèle inconsistante ; mais, prise au sérieux, elle a une force d'éveil à laquelle il est difficile de résister. C'est pourquoi son statut est, profondément et nécessairement, dilemmatique : avec elle, on est sur la corde raide, tiraillé entre des options de sens contraire que nulle dialectique ne suffit à réconcilier. S'il y a un genre utopique identifiable, il n'a cependant pas de contours définis parce qu'il cultive systématiquement les intervalles, l'entre-deux, le clair-obscur propre aux régions intermédiaires, comme celle où l'ancien et le nouveau se rencontrent, s'affrontent en l'absence d'une conscience nette des enjeux objectifs de leur débat. La figure par excellence de l'*Homo Utopicus*, c'est au fond Don Quichotte qui, en compagnie de Sancho Pança, poursuit avec les moyens du bord son errance à l'intérieur d'un monde qui ne tourne plus rond et est en train de se défaire, en se tenant, vacillant, en pleine confusion, à son point de bascule : il témoigne à sa manière d'une mutation dont il ne maîtrise pas les causes, avec un esprit de résistance infaillible qui fait de lui, vivant oxymore, un héros dérisoire et grandiose, l'un n'allant pas sans l'autre. Il représente l'image criante des hauts et des bas de l'utopie qui n'a aucun point fixe auquel s'accrocher et laboure la part maudite de l'histoire. C'est pourquoi il ne faut pas lui faire confiance : elle ne fournit pas clés en main une solution aux problèmes dont elle est le symptôme. C'est le point où l'utopie insouciante, l'eutopie, et l'utopie grincheuse, la kakotopie, finalement se rencontrent, paraissent se fondre l'une dans l'autre sans cependant abandonner leurs aspects contrastés. Pour cette raison, il ne va pas de soi de faire une théorie exhaustive de l'utopie, et peut-être même serait-il raisonnable d'y renoncer : lorsqu'on tente de la saisir, elle glisse entre les doigts ; et en prétendant l'attacher, en vue d'en faire un objet de connaissance ferme et défini, on la dénature. Il faut donc accepter son évanescence, sa précarité. C'est la raison pour laquelle je m'en suis tenu à la caractériser en tant que genre littéraire, inspiré des récits de voyages fictifs déjà connus de l'Antiquité, qui mobilise des régimes d'écriture appropriés à la relation d'explorations menées en terres inconnues : c'est le seul critère d'identification, bien ténu je le reconnais, que j'ai trouvé au titre de ce que vous appelez « propriété décisive et immuable de l'utopie ». Ce n'est pas grand-chose, mais il me paraîtrait hasardeux d'aller plus loin. Et puis, il faut accepter de se laisser surprendre par l'utopie, et renoncer à la maîtriser en l'enfermant dans un cadre aux contours définis.

CP : *Karl Mannheim, dont vous dites qu'il est l'un des grands penseurs de l'utopie au xxᵉ siècle, distinguait l'idéologie de l'utopie par le critère de la congruence appliqué a posteriori. N'est une utopie que ce qui, au final, comme l'histoire le prouve, a bien eu pour effet de torpiller l'ordre social établi, après avoir été initialement non-congruent avec le « régime ontique du moment »* [8]. *Êtes-vous d'accord avec cette idée, ou pensez-vous que le critère de la congruence ne permet pas de distinguer adéquatement l'idéologie de l'utopie ?*
PM : Absolument. On ne peut parler correctement de l'utopie, figure historique du virtuel, qu'au futur antérieur : son sens effectif, elle l'aura eu, mais on ne peut l'en créditer tant qu'on la prend immédiatement dans son envol qui l'entraîne vers on ne sait où, car c'est cette imprécision, cette indécision, ou si on veut l'appeler ainsi sa puissance de questionnement, qui fait sa force. C'est pourquoi il ne faut pas se hâter de lui prêter une valeur d'anticipation, qui fixerait noir sur blanc les formes et les règles d'un avenir, qui de toutes façons n'est plus tout à fait un avenir quand on s'arroge le droit d'en parler au présent de l'indicatif, comme s'il était déjà là. Entre autres innovations, l'utopie fait violence à une représentation linéaire du déroulement de la temporalité, celle qui partant du passé traverse le présent puis va vers le futur, tous trois liés à l'intérieur d'un même ordre par leur succession obligée : l'historicité dont elle porte le témoignage serait plutôt bouclée sur elle-même comme un arc dont la courbure avance en faisant retour sur soi, ce qui est la condition pour qu'elle accueille, non sans mal, ce qui « aura été ». L'utopie révèle par là l'inanité de la représentation spontanée du présent en tant qu'il ferait nettement rupture entre un passé qu'il laisserait derrière lui et un avenir qui s'ouvrirait vers l'avant, et qui constituerait entre eux une sorte d'idéal point d'arrêt : « *Verweile nicht, du bist so schön !* », implore le Faust de Goethe de l'instant

■ 8. K. Mannheim, *Idéologie et utopie, op. cit.,* p. 159.

qu'il cherche à vivre intensément comme si celui-ci pouvait se suffire à lui-même, indépendamment de ce qui a été et de ce qui va être. Or il n'en est rien : le passé et l'avenir sont là sans y être et se fondent virtuellement dans un présent qui n'est fait que de ce qui aura (au futur) été (au passé). En ce sens, l'utopie apprend à vivre avec le temps autrement qu'en le subissant, broyé entre l'espérance et la crainte : on le vit alors tel qu'il est, au présent toujours, dont le passé et l'avenir ne sont que des projections et pour ainsi dire des interprétations offertes en permanence à rectification. Le médium qui fait le mieux ressentir cette coexistence fusionnelle du passé et du futur dans le présent, c'est la musique : il faudrait s'exercer à écouter l'utopie, en percevant sa dimension musicale, sa dynamique transitionnelle qui dissuade de la réduire à des visions statiques et figées.

Là se situe sans doute la principale divergence entre l'idéologie et l'utopie : la première s'évertue à maintenir bien serrés des liens que la seconde s'emploie à dénouer, ou du moins à relâcher. Je me souviens qu'au cours des multiples débats publics et privés que les événements de soixante-huit avaient déclenchés revenait sans cesse la question : « La situation est-elle réellement révolutionnaire ? », ce qui sous-entendait : « Ne serions-nous pas en pleine utopie ? ». Rétrospectivement, le comique de cette interrogation est assez criant ; mais, sur le moment, elle était considérée comme cruciale, comme telle incontournable. On peut y voir la manifestation d'un effort de reprise en main de ce qui était en train de se passer, on ne savait trop quoi, par une idéologie réaliste qui cherchait désespérément quelque chose de solide à quoi se raccrocher : les preuves objectives que la situation était déterminée à basculer d'un côté ou de l'autre. Et, en même temps, cette question que l'on ne cessait de poser, apparaissait de plus en plus à travers ce retour sempiternel sans solution envisageable : on repartait alors de l'autre côté, on se berçait d'illusions, et c'était l'esprit d'utopie qui menait à nouveau la danse, avec l'énergie du désespoir. J'évoque sommairement cet exemple parce que, me semble-t-il, il témoigne du fait qu'utopie et idéologie n'interviennent jamais chacune de son côté mais toujours ensemble, inextricablement imbriquées dans le cadre d'une compétition dont le dernier mot est interminablement différé : d'où la difficulté de trancher. C'est par excellence le cas où est fait appel en dernier recours à la devise selon laquelle « L'histoire jugera » : c'est-à-dire qu'il faut attendre le moment où le jeu mouvant des circonstances aura décidé de ce qui en était, ou plutôt, au futur antérieur, de ce qui en aura été. Il peut paraître clair aujourd'hui que, dans ses tréfonds, la situation, à l'époque, n'était en rien « révolutionnaire » et qu'il était même fort peu pertinent de se demander si c'était ou non le cas. Mais, sur le moment, les composantes idéologiques de la conjoncture tirant de leur côté, elles voulaient à la fois la question et une réponse ferme au problème qu'elle soulevait ; et comme il était impossible d'apporter cette réponse, la tendance utopique reprenait la direction des opérations et les rêves libératoires se remettaient à proliférer, ce qu'il n'y a d'ailleurs pas lieu de regretter. N'est-ce pas toujours, quoiqu'à des degrés divers, le cas ? Ce tiraillement n'est-il pas au cœur même de tout présent pris en lui-même, écartelé entre les deux dimensions du « déjà » et du « pas encore », son passé sur lequel il n'est pas au clair et un avenir qu'il n'est pas en mesure de prévoir ? On peut en conclure que le conflit de l'idéologie et de l'utopie, avec toutes les formes variées qu'il peut prendre, est une donnée permanente et en même temps interminablement changeante de l'histoire. On n'en sortira jamais, ce qu'il n'y a pas de raison valable de déplorer : il est bon qu'un peu d'idéologie vienne se mettre en travers des espoirs fous de l'utopie, et il est bon aussi qu'une certaine dose d'utopie oppose un démenti aux fallacieuses évidences de l'idéologie, n'y ayant que le futur antérieur auquel faire recours pour remettre momentanément un peu d'ordre dans cet embrouillamini. Momentanément s'entend, car le propre du futur antérieur est qu'il n'en finit jamais, au présent toujours, d'avoir à recomposer un état de fait impossible à fixer définitivement. Pour revenir à mon exemple, les événements de soixante-huit, que depuis qu'ils ont eu lieu l'on ne cesse de revoir et de ressasser sous de nouveaux jours, n'ont pas encore produit tous leurs effets ni dit leur dernier mot : en ce sens, ils restent partie prenante à notre actualité, au futur antérieur qui est la dimension ineffaçable et inaliénable du présent, son temps suspendu.

CP : *J'aimerais maintenant vous poser plusieurs questions au sujet de la catégorie du « possible » que vous employez pour définir l'utopie, en accord avec Ernst Bloch. L'utopie, dites-vous, n'est pas un possible qui précède le réel ou l'anticipe, mais un possible que le réel détermine, qui est déjà présent dans la réalité, et qui, en tant que possible, permettra de le contester.*
a) À de très nombreuses reprises, vous dites que l'utopie est un possible que le réel détermine, ce qui explique que les utopies varient selon les époques. Vous avez consacré une grande partie de vos recherches à la pensée spinoziste, mais ne parlez pas de Spinoza dans vos travaux sur l'utopie. Est-il intéressant de poser la question de l'utopie et du déterminisme dans sa pensée ? Quel sens l'utopie pourrait-elle avoir chez Spinoza ?
b) Si la manière de critiquer une société est elle-même déterminée par cette société, n'y a-t-il pas un risque à rendre la critique impossible ou insuffisante ? Peut-on imaginer une impuissance de l'utopie qui tienne à de mauvais déterminismes – « mauvais » au sens de ne pas pouvoir rendre possible la contestation de l'ordre institué, ou en la faisant mal (par exemple au prix de la guerre civile, de passions tristes, etc.) ? Dans Moralités postmodernes, *Jean-François Lyotard parle d'un « système » pour caractériser la démocratie capitaliste ou libérale – le système de la « communication » – qui parvient à se renforcer en s'appropriant les critiques qui lui sont faites[9]. D'où la difficulté de proposer des alternatives, et leur substitution par de simples alternances qui, au final, ne changent rien ou presque à l'ordre social institué. Lyotard n'était pas un utopiste, mais l'idée d'un système qui s'auto-renforce en s'auto-critiquant (du moins en le faisant croire, en intégrant ce qui cherche à le contester du dehors) est intéressante. Si la politique instituée va jusqu'à confisquer ou s'approprier les « possibles » qui pourraient la menacer en sachant bien les déterminer, d'une manière à les rendre inoffensifs, comment imaginer que l'utopie soit encore possible ?*
c) Vous citez Paul Ricœur dans votre livre De l'utopie !, *et lui reconnaissez le mérite d'avoir très bien compris le statut du possible de l'utopie. Il y a eu un débat intéressant entre Paul Ricœur et Cornelius Castoriadis sur l'imaginaire social, le premier reprochant au second de trop concevoir cet imaginaire sous la forme*

---

9. J.-F. Lyotard, *Moralités postmodernes*, Paris, Galilée, 1993.

d'une création ex nihilo [10]. *Ricœur préfère employer le terme de « production » à celui de « création », et insiste sur la nécessité de prendre appui sur l'histoire, sur une* mémoire utopique *– au sens d'une tradition de l'utopie et des utopies – pour renforcer la puissance du possible utopique. Seriez-vous d'accord avec cette interprétation ? L'utopie est-elle un possible qui, pour se renforcer, a besoin d'une filiation avec d'autres possibles utopiques ?*

PM : Ces points sont extrêmement importants. La notion de « possible », depuis qu'elle est en cours, soulève de considérables difficultés que Bergson a recensées dans sa conférence sur « Le possible et le réel » dont le texte est recueilli dans *La pensée et le mouvant*. Admettre après Aristote qu'est « possible » ce qui à la fois « est et n'est pas », c'est d'emblée reconnaître que cette notion recèle une ambiguïté, qu'elle traîne avec elle sans vraiment la clarifier. Prétendre résoudre cette ambiguïté en avançant la distinction ontologique entre « être en puissance » et « être en acte », ce n'est rien d'autre que la déplacer : en réalité, s'il y a dualité, ce n'est pas entre le possible et le réel, mais dans le possible lui-même qui présente simultanément deux faces. Ce sont ces deux faces que Ernst Bloch, se plaçant me semble-t-il dans le sillage de Bergson, a identifiées en forgeant les deux notions de « possible réel » et de « possible objectif ». Le possible objectif, c'est le possible en tant qu'il s'oppose ou peut être opposé au réel, par exemple sous les espèces d'un programme élaboré en idée au titre d'un plan de travail restant à faire passer dans les faits : penser une chose de ce genre, c'est implicitement reconduire et avaliser des alternatives comme celles de l'objectif et du subjectif, de l'extérieur et de l'intérieur, de l'immédiat et du médiatisé, du même et de l'autre, de l'avant et de l'après, etc., en leur prêtant une consistance rationnelle qui les rend apparemment indépassables. L'idée d'un possible réel répond justement au souci de surmonter ces alternatives : admettre que le possible constitue une dimension du réel et non une alternative susceptible de lui être opposée, c'est en effet considérer qu'il est présent en lui en acte, au titre d'une virtualité qui, lui étant immanente, ne peut en être détachée, et en conséquence ne doit en aucun cas lui faire front ; elle est présente en lui, non sous la forme d'une détermination définitivement arrêtée, mais d'une dynamique tendancielle de réalisation ; celle-ci, étant en cours, n'a pas atteint son terme, ce qui confère à ce cours une certaine marge d'imprévisibilité ; seule une illusion rétrospective, du type de ce que Bergson appelle « le mouvement rétrograde du vrai », fait croire que ce terme peut être posé « objectivement », comme s'il subsistait de manière isolée, indépendamment du mouvement qui va vers lui ; or ce mouvement, pris dans son élan, ne suit pas une trajectoire obligée, déjà toute tracée à la manière d'un itinéraire qui traverse un domaine entièrement balisé, mais c'est un parcours accidenté, jalonné de rencontres imprévues ; ce parcours doit inventer au fur et à mesure des solutions qui, à chaque fois, le reconfigurent, le recréent sous des formes impossibles à déterminer complètement à l'avance, car dans les faits chaque solution est simultanément l'indice qu'un nouveau problème est en voie d'émerger. Le possible réel, c'est donc du virtuel en tant que, dès le départ et en permanence arrimé au réel, il est en acte (et non seulement en puissance), en train de se faire à ses risques et à ses frais un chemin, au présent toujours ; il est obligé à tout moment de renégocier son plan de départ en se laissant guider par

---

■ 10. P. Ricœur, C. Castoriadis, *Dialogue sur l'histoire et l'imaginaire social*, Paris, Édition de l'EHESS, 2016.

des schèmes conscients et inconscients qui esquissent librement une trajectoire qu'elles inventent plutôt qu'elles ne la découvrent. Ramener ce virtuel sur le plan d'un possible séparé ontologiquement du réel, c'est porter sur lui une vue rétrograde qui fige artificiellement sa dynamique propre sous prétexte de mieux la comprendre et la contrôler. Or s'il y a une logique du virtuel en tant que tel, - comme par exemple celle que Peirce a placée sous la catégorie d'« abduction » -, ses figures plurielles et mouvantes ne peuvent rentrer dans une grille rationnelle bouclée une fois pour toutes, arc-boutée sur un système explicatif achevé faisant a priori obstacle à la saisie de son élan novateur. Selon une telle logique du virtuel, le possible n'est pas antérieur au réel (du fait d'être en attente des conditions indispensables pour qu'il passe de la puissance à l'acte, ce qui serait un changement radical de son statut), mais il vient après lui puisqu'il en émane : c'est le réel qui, perpétuellement au présent et en essayant toutes les voies qui s'offrent à lui, s'invente de nouveaux possibles que en quelque sorte il pousse devant lui, sans savoir à l'avance ce qui va au juste en advenir.

Il me semble que l'utopie, qui n'est en aucun cas prédictive – du moins, prise sous cet angle, elle tombe rapidement à plat –, représente par excellence la figure historique du virtuel : elle est l'expression de mouvements en cours qui, sous des formes qui ne sont pas toujours visibles, travaillent sourdement la réalité présente et vont dans le sens de sa transformation, sans que ce sens puisse être objectivé, donc sans que puissent être anticipés, du moins complètement, les résultats de la tendance ainsi amorcée. C'est pourquoi l'utopie doit remplir avant tout une fonction d'alerte : elle fait savoir que l'état de chose actuel ne peut être considéré comme définitif, et que les garanties de légitimité dont il s'entoure et se réclame en vue de perdurer à l'identique ne tiennent pas la route. Le discours utopique est donc une manifestation du fait qu'est enclenché un mouvement dont l'issue n'est en rien préfigurée ou préfigurable : c'est pourquoi chercher à en tirer un plan d'action destiné à être exécuté autant que possible à l'identique est vain, et même dangereux, totalement irréaliste. En prendre acte permet du même coup de retirer à l'utopie le caractère de gratuité qui lui est souvent attribué, et de lui restituer le type de nécessité dont effectivement elle relève. On en vient alors à comprendre que la réalité historique comporte à tout moment sa part d'utopie : simplement celle-ci est modulée à des degrés d'intensité divers, ce qui fait qu'elle ne revêt pas toujours des formes explicites ; mais cela ne l'empêche pas d'être présente sous des formes latentes. Le discours utopique n'est rien d'autre en fin de compte qu'une prise de conscience avérée, articulée et déclarée de ce que l'ordre des choses ne se suffit pas à lui-même tel qu'il est, qu'il comporte des failles et que celles-ci appellent réparation : ce discours lance ouvertement, parfois même crûment, un avertissement plutôt qu'il n'apporte des solutions toutes faites ; il interpelle. C'est pourquoi l'utopie doit être traitée comme un symptôme, et non comme un remède à toute épreuve qui apporterait la solution définitive aux problèmes qu'elle soulève.

J'en viens maintenant aux points précis sur lesquels vous m'interrogez. Pour commencer, Spinoza. À première vue, celui-ci ne fait aucune place à l'utopie dans son système de pensée : s'il prononce le mot, comme il le fait tout au début de son *Traité Politique*, c'est pour invalider le concept dont ce mot paraît être le véhicule, non d'ailleurs en raison de ses insuffisances théoriques mais plutôt de l'inapplicabilité pratique des directives qu'il inspire. On peut en conclure que ce dont Spinoza fait alors la critique n'est pas l'utopie en tant que telle, mais certaines de ses formes hyperrationalisées, qui la ramènent apparemment à un programme prédéfini dans l'abstrait qu'il ne resterait plus qu'à faire passer dans les faits, ce qui se révèle en fin de compte irréalisable. Mais si on admet que l'utopie, dans son fonctionnement réel, ne répond pas, du moins pas forcément, à ce modèle, et même en constitue une sorte de transgression, il n'est plus si absurde de présenter Spinoza comme un penseur singulier de l'utopie. La figure spinoziste par excellence du virtuel utopique est d'ailleurs naturelle avant d'être historique : ce serait le conatus, l'effort en vue de persévérer dans son être qui est au plus intime de toute chose et dont les expressions immédiates sont fournies par l'affectivité sous les deux formes du désir et de l'alternance de la joie et de la tristesse. Pris à la source de cet effort, l'esprit d'utopie qui lui est corrélatif est partout au travail dans la zone intermédiaire entre passivité et activité où des réalités modales, quelles qu'elles soient, déroulent leur existence en essayant, sans toujours y réussir, de tirer au mieux parti des conditions qui leur sont imparties, à la recherche de leur utile propre : le déterminisme auquel elles sont soumises n'est donc pas un système aveugle du type du destin, mais est conciliable avec le régime de « libre nécessité » sous lequel s'exerce leur puissance d'être. On ne prête peut-être pas suffisamment attention au fait que le rationalisme spinoziste prend forme à travers un discours bourré d'oxymores, ce qui est indispensable pour qu'il remplisse la fonction éthique qu'il s'assigne, celle avant la lettre de changer la vie. S'il y avait un ordre des choses disposant à l'avance d'une stabilité inébranlable, il n'y aurait rien d'autre à faire qu'à s'y soumettre corps et âme, étant définitivement déposé le désir de le transformer. Mais cette vision statique n'est pas celle de Spinoza : le monde tel qu'il le présente, constamment en mouvement, est animé par une plasticité irrépressible. C'est vrai en particulier du monde humain, qui n'est pas un univers à part ayant ses lois propres, mais est complètement immergé dans le monde naturel auquel il participe et avec lequel il est en relation d'échanges par tous ses pores, en balance entre bénéfices et inconvénients : de là sa foncière historicité, qui est la traduction collective de cette mobilité inhérente à sa nature. Cette mobilité a cours à tous les niveaux, et c'est aussi elle qui impulse les trajectoires individuelles qui sont toutes portées par le même désir de « persévérer dans l'être », un désir qu'elles s'efforcent de satisfaire comme elles le peuvent, avec les moyens du bord, en essayant de s'en arranger, en l'absence des mirobolantes garanties offertes par un système d'harmonie préétablie. La quatrième partie de l'*Éthique*, la partie de l'ouvrage où sont analysées les conditions de la servitude humaine et les diverses formes que prend la lutte contre les forces des affects qui sont la cause principale de cette servitude, se termine par un étonnant développement qui revêt expressément les allures du discours utopique : cet ensemble de propositions, rédigées au conditionnel, expose ce que serait une existence d'homme libre, conforme à un « modèle de vie parfaite ». C'est ainsi qu'un homme libre « ne penserait à rien moins qu'à la mort » : cette curieuse formule, qui peut faire penser à celle de Bartleby « *I would prefer not to* » qu'on pourrait traduire en forçant quelque peu les règles du langage réputé correct : « Je préférerais pas », est un oxymore, comme l'idée de préférence négative. Dire qu'un homme libre arriverait à penser à la mort sur le mode du « rien moins que » signale en sourdine qu'il ne peut naturellement s'empêcher d'y penser toujours ;

tout ce qu'il peut faire c'est se donner les moyens non pas d'y penser moins voire même pas du tout, - c'est impossible -, mais de se représenter la mort comme quelque chose qui, quand cela arrivera, « aura eu lieu », un point c'est tout ; c'est cela que traduit la modalité du « rien moins que », qui rejette une issue, on le sait bien inévitable, dans la catégorie des choses qu'il n'y a aucune raison de considérer comme si elles étaient déjà arrivées, ce qui serait un symptôme de folie. Voir les choses sous cet angle, ce qui est loin d'être évident, amène par un certain biais à « se sentir et s'expérimenter éternel », situation éminemment désirable que Spinoza exprime d'ailleurs au pluriel de l'indicatif (*sentimus experimurque nos aeternos esse*), ce qui lui donne implicitement une dimension collective : on ne se libère pas tout seul mais avec d'autres de la crainte de la mort. Et le reste à l'avenant : mener une vie parfaite, ce n'est pas avoir une fois pour toutes effacé les traces de ce qui pourrait y faire obstacle, mais c'est prendre conscience du fait que ce qui arrive « aura eu lieu », *et nihil aliud*, comme le révèle l'attitude propre à l'utopie qui prend l'actualité présente à revers, ce qui permet de la voir sous un nouveau jour et de mieux contrôler la manière dont on réagit affectivement aux événements qui s'y produisent, que ceux-ci soient ressentis comme favorables ou défavorables. Si Spinoza était le penseur nécessitariste, intégralement et froidement causaliste, définitivement opposé à toutes formes de croyance, qu'on a trop souvent vu en lui, il n'aurait pas choisi d'exposer sa philosophie sous la forme d'une *éthique*, c'est-à-dire d'un art de vivre mieux (*bene agere et laetari*), plutôt que sous celle d'une analyse exhaustive de l'ordre des choses tel qu'il est ou est censé être : à la rigueur, il aurait pu esquisser les grandes lignes des trois premières parties de son ouvrage, et encore !, mais certainement pas écrire les deux dernières dans lesquelles sont posés les jalons d'une doctrine de la libération.

Concernant le second point, n'ayant pas une connaissance suffisante de la pensée de Lyotard, – je ne m'en fais pas gloire –, je ne puis l'aborder que sous des formes très générales. Qu'un « système » fasse tout pour s'emparer des « possibles » qui le contestent et les incorporer à sa substance démontre en pratique que, systématique, il l'est en fin de compte bien peu : il ne fera jamais complètement le tour des possibles susceptibles de lui être opposés, et ceci d'autant plus que, chaque fois qu'il empiète sur eux, ce qui lui donne momentanément l'avantage, il donne occasion au surgissement de nouveaux possibles qui remettent à nouveau en cause sa stabilité. C'est sans fin. Comme je le suggérais en réponse à l'une de vos précédentes questions, la lutte de l'idéologie et de l'utopie est sempiternelle et ne donne lieu qu'à de fausses victoires, après lesquelles tout ou presque est à recommencer. L'idéologie a naturellement tendance à saturer le champ dans lequel elle intervient : c'est de cette manière, en les intégrant à son ordre et en récupérant leur énergie à son profit, qu'elle compte dompter les forces qui s'opposent à elle ; mais les succès qu'elle obtient ainsi sont forcément éphémères, car son effort pour occuper le terrain en totalité fait saillir les conditions qui provoquent un élargissement de celui-ci et l'ouvrent sur de nouveaux horizons, ce qui oblige encore et encore, l'esprit d'utopie servant alors d'aiguillon, à reprendre le travail sur d'autres bases. L'histoire est ainsi faite : c'est une suite d'accidents de parcours qui échappent à une synthèse définitive. En tout cas, la représentation d'une grande Histoire qui avancerait dans une même direction sur une seule ligne en cumulant ses acquis, telle qu'elle a un temps prévalu, est devenue, – cela au moins est un « fait historique » susceptible d'être enregistré comme tel –, intenable. Cela étant admis, il n'y a plus de raison valable de parler d'une « impuissance de l'utopie » : tout au contraire, tel un phénix, elle est appelée à renaître et à relancer la lutte chaque fois que l'idéologie prétend imposer sa loi, ce à quoi, de son côté, celle-ci ne parvient jamais définitivement. Alors, faut-il s'en réjouir ou se plaindre, être optimiste ou pessimiste ? Plutôt que choisir entre l'une ou l'autre de ces options, il faudrait essayer de se soustraire à l'alternative de l'espérance et de la crainte, du triomphalisme et du défaitisme. S'il y a déterminisme, il n'est ni « bon » ni « mauvais » en soi, mais il ne devient l'un ou l'autre que suite à ce qu'on en fait en mobilisant les données qu'il fournit. C'est pourquoi, comme dit l'autre, plutôt que chercher à interpréter le monde, il faudrait trouver le moyen, ou les moyens, de participer autant que cela est possible, et avec beaucoup d'autres, à sa transformation révolutionnaire (*revolutionäre Veränderung*), un appel auquel l'utopie ne peut rester étrangère ou indifférente, même si elle n'est pas en mesure d'y répondre sous une forme définitivement arrêtée. Soit dit en passant, Marx et Engels n'ont pas tourné contre les socialismes utopiques la critique radicale dont on les crédite souvent : simplement, ils les ont déclarés « immatures », ce qui était une manière de reconnaître leur statut virtuel, par lequel ils indiquent que quelque chose d'important est en train de se passer.

Concernant enfin la question d'une « mémoire utopique » dont vous reprenez l'idée à Ricœur, je comprends à quelle exigence répond la référence à cette idée, mais je reste hésitant sur le contenu à lui donner. Si on entend par là la nécessité de donner à l'utopie une assise dans le réel, la notion de production, en raison de son caractère processif, serait en effet la mieux apte à rendre compte de sa formation, qui n'est ni indéterminée ni gratuite, ou libre de tout contexte : l'utopie ne vient jamais de nulle part. Mais, d'un autre côté, prêter à ce processus une dimension mémorisante, c'est implicitement lui assigner une fonction cumulative d'enregistrement : or l'utopie ne se prête pas à ce genre de fixation ; elle ne rentre pas dans le cadre théorique ou préthéorique d'une philosophie qui prétendrait assigner un sens à l'histoire, par exemple en la faisant rentrer sous un horizon de salut. L'utopie est irrécupérable : c'est pourquoi il me semble que son allure authentique reste bien celle, vivement récusée par Ricœur, du soupçon – le soupçon que quelque chose ne va pas –, et non celle du kérygme, c'est-à-dire de l'annonce et de la promesse. Pour le dire autrement, il me semble que l'utopie ne se prête pas à une récupération herméneutique, inspirée par un finalisme latent. Ou peut-être ne s'y prête-t-elle que trop, ce qui rend indispensable de pousser le bouchon de l'autre côté, en restituant à l'utopie son esprit de libre invention qui est le biais par lequel elle s'inscrit dans l'histoire considérée sous ses aspects les plus réels, les plus matériels, qui sont aussi les plus créatifs. Cela dit, je considère sans réserve que *L'idéologie et l'utopie* est un livre important, qui révèle en particulier quel grand professeur Ricœur a été. Qu'est-ce qu'un grand professeur ? Ce n'est pas quelqu'un qui se contente d'asséner un message de vérité en l'assortissant de tous les éléments qui sont censés en confirmer la validité ; mais, sans du tout faire l'impasse sur ce message, donc sans mettre ses convictions personnelles dans sa poche, il s'arrange pour fournir toutes les pièces qui permettent d'en faire l'objet et l'enjeu d'un débat contradictoire. Que l'université fonctionne un jour de telle façon qu'il en aille toujours ainsi relève peut-être de l'utopie ! Mais cela ne doit pas faire obstacle à cette revendication ou en minorer la portée. Et s'il arrive que cette option soit prise en compte et discutée, on aura besoin de témoins comme Ricœur et quelques autres pour que cela se passe convenablement, ce qui est loin d'être acquis.

CP : *Vous appelez de vos vœux un retour de l'utopie aujourd'hui. Les dystopies, dites-vous, ont pour vertu de révéler que les utopies ne sont pas des mondes où il ferait bon vivre, mais leur triomphe au xxe siècle fut tel qu'il a réduit dangereusement, voire tari la veine utopique. Comme faire, dès lors, pour réinjecter de l'utopie ? Si l'utopie est un possible toujours déterminé par le réel existant, qu'est-ce qui, dans nos sociétés contemporaines, au xxie siècle, en empêcherait l'avènement ou le favoriserait ? Qu'est-ce qui manque, en d'autres termes, pour favoriser de nouveau des récits, des fictions, à même de réinterroger notre quotidien et de contester l'ordre social établi ?*

PM : Le discours utopique me paraît en effet singulièrement défaillant aujourd'hui. Mais il ne faut pas se hâter d'en conclure que l'esprit d'utopie, dont le discours utopique n'est que la face émergée, a en lui-même disparu. Toute époque historique garde sa part d'utopie qui la hante en profondeur, mais elle n'a pas toujours les moyens de la publier sous des formes conscientes et expressément parlantes : alors elle balbutie ; mais c'est qu'alors l'histoire elle aussi balbutie, parce qu'elle bute sur des obstacles dont elle ne parvient pas à cerner précisément la nature, ce qui nourrit son incertitude. Le négatif est là, et même il ne l'est que trop !, mais il ne travaille pas en profondeur, probablement parce qu'il n'a pas trouvé de point auquel s'accrocher pour parvenir à fouiller sous la surface du sol. Ce n'est pas tous les jours qu'on peut s'écrier : « Bien creusé, vieille taupe ! ». Or l'utopie est l'une de ces taupes : loin de planer haut dans le ciel comme la colombe légère, elle déroule ses galeries dans les régions obscures de la terre, en sous-sol ; et, parfois, il peut sembler qu'elle s'y soit endormie. Nous en sommes là à présent : ployant sous l'accumulation des acquis du progrès sous toutes ses formes, nous gargarisant des lieux communs qui en célèbrent l'inévitabilité, nous sommes devenus résignés, de moins en moins soupçonneux et animés par l'esprit de refus. Celui-ci n'a pas cependant disparu. C'est même au point où les tensions, loin de s'être relâchées, s'approchent de la rupture. Quand celle-ci se produira-t-elle et sous quelles formes ? On ne peut pas le savoir. C'est pourquoi il serait grand besoin de fictions utopiques pour manifester au grand jour les sourdes inquiétudes qui sont l'autre face de, pour aller vite appelons-la ainsi, la société de consommation. Ces grandes fictions, qui nous manquent, ne devraient pas procurer un moyen d'évasion, disposition dont la société du spectacle est friande, mais mettre au pied du mur, obliger à ouvrir les yeux sur le désastre en cours. Est-ce à dire qu'elles devraient prendre la forme dure et désenchantée de la dystopie, nourrie de catastrophisme, celle qui terrifie et qui résonne sur le ton moralisateur d'un rappel à l'ordre davantage que comme un avertissement ? Peut-être a-t-on tort de considérer la dystopie comme une branche de l'utopie, alors qu'elle relève d'un esprit différent, systématisé à l'excès, qui donne à penser que le mal est fait et que tout est déjà joué au présent. Ce que je serais tenté d'appeler la bonne utopie, celle qui est réellement utile, sait manier l'ironie sous des formes distanciées qui préservent la possibilité d'une ouverture : sinon, elle prend facilement des formes doctrinaires et le discours utopique se profère sur le ton d'un maître d'école qui dispense un enseignement formaté. L'utopie ne devrait pas donner de leçons, mais plutôt inciter à chercher par soi-même. Or ce programme n'est pas facile à réaliser : il nécessite de la subtilité, du doigté, le sens du virtuel. Cela me ramène à la représentation de l'utopie comme genre littéraire : il y faut du style, beaucoup de style ! Et c'est de cela que nous manquons aujourd'hui : à l'ère de la communication où le contenu du message c'est le message, à force de vivre hors sol et en ayant déposé le souci du commun, on finit par ne plus parler que pour ne rien dire. Alors, l'histoire fait plus que balbutier : elle entre dans le grand silence des choses mortes. Cela dit, je pense que l'utopie et l'esprit de provocation qui l'anime ne sont qu'endormis : un jour, ils se réveilleront et reviendront sous des formes peut-être méconnaissables qui, une fois de plus, témoigneront de leur inépuisable inventivité.

Propos recueillis par Sébastien Roman
Mai-juillet 2021

SITUATIONS

LES COMMUNAUTÉS UTOPIQUES ÉGALITAIRES

Entretien avec Michel Lallement au sujet de son livre *Un désir d'égalité*

Michel Lallement est professeur titulaire de la chaire d'Analyse sociologique du travail, de l'emploi et des organisations au Conservatoire national des arts et métiers (Cnam) depuis 2000, après avoir enseigné à l'ENS de Fontenay-Saint Cloud, l'université de Paris X et l'université de Rouen. Il a également été professeur invité (titulaire de la chaire Marc Bloch) à l'université Humboldt de Berlin (2009), *Visiting Scholar* au département de sociologie de l'université de Berkeley (UCB) et à l'*Institut of Research on Labor and Employment de Los Angeles (UCLA)* (2011-2012), titulaire de la chaire Jacques Leclercq de l'Université Catholique de Louvain (2013-2014) et *Fellow* au *Wissenschaftskolleg zu Berlin* (2020-2021). Il enseigne la sociologie du travail et de l'emploi, la sociologie de l'action collective et la sociologie générale. Ses travaux portent sur les transformations du travail dans ses dimensions multiples (organisation, temporalités, relations professionnelles, marché, trajectoires sociales…) ainsi que sur l'histoire de la sociologie. Particulièrement intéressé par les comparaisons internationales, il travaille actuellement sur les utopies concrètes du travail en France et aux États-Unis. Concernant l'utopie, il a notamment écrit les ouvrages suivants : *Le travail de l'utopie. Godin et le familistère de Guise*, Paris, Les Belles Lettres, 2009; *L'âge du faire. Hacking, travail, anarchie*, Paris, Seuil, 2015; *Un désir d'égalité. Vivre et travailler dans des communautés utopiques*, Paris, Seuil, 2019.

Cahiers Philosophiques : *Votre livre*, Un désir d'égalité, *est une étude très minutieuse des communautés intentionnelles aux États-Unis, plus précisément des communautés égalitaires dans lesquelles la propriété privée est supprimée. Pour votre enquête, vous n'avez pas hésité à vivre avec les « communards », en séjournant à Twin Oaks et à Acorn, par exemple, en Virginie. Qu'est-ce qui explique votre attrait pour les communautés utopiques égalitaires ?*

Michel Lallement : Cette enquête s'inscrit dans un programme de recherche de longue haleine consacré à l'invention et à l'expérimentation de formes de travail et de vie collective alternatives à celles qui dominent dans le monde capitaliste contemporain. Je l'avais entamé il y a plus de dix ans maintenant avec une

CAHIERS PHILOSOPHIQUES ▶ n° 167 / 4ᵉ trimestre 2021

enquête sur archives consacrée au Familistère de Guise, une des rares tentatives d'application concrète des principes de Charles Fourier sur le territoire français. Dans le cadre d'investigations communes menées avec deux collègues, Isabelle Berrebi-Hoffmann et Marie-Christine Bureau[1], sur le mouvement *maker*, je me suis ensuite intéressé aux hackers (qui ne sont pas tous, loin de là, des pirates de l'informatique) et à la façon dont, en faisant levier avec leur éthique et leur culture spécifique, ils inventent un nouveau paradigme du travail à l'aide d'exigences qui empruntent directement à une philosophie libertaire. *Un désir d'égalité* constitue un nouveau volet qui met en évidence la vitalité des communautés issues aux États-Unis de l'élan contre-culturel post-1968.

Dans une période où, au niveau mondial et selon des configurations variables selon les pays, les inégalités constituent une question plus vive que jamais, il m'a paru intéressant de prendre acte non seulement de l'importance et de la pluralité de ce type de pathologie sociale mais aussi de regarder comment certains groupes tentent d'y remédier en mettant en pratique des convictions partagées. Les États-Unis sont pour cela un terrain privilégié. Leur système de protection sociale y est bien moins généreux qu'en France. L'exigence morale qui, par le biais de l'injonction philanthropique, continue de peser sur les épaules des plus riches ne suffit pas non plus pour régler les problèmes massifs de pauvreté. À cette dimension s'ajoutent celles des inégalités persistantes entre les genres et entre les races. Les mouvements #MeToo et Black Lives Matter sont venus récemment nous rappeler à quel point ces sujets sont importants. En ce domaine, les communautés que j'ai étudiées apportent des réponses concrètes, certes locales et probablement encore imparfaites, mais au moins elles s'y essaient.

CP : *Vous avez eu Miguel Abensour comme professeur. Est-ce à lui que vous devez votre intérêt pour l'utopie, et pour l'utopie concrète ?*

ML : J'ai eu la chance de pouvoir être diplômé en sciences sociales (avec une spécialisation dans le domaine du travail) et en philosophie (avec une dominante politique). À deux reprises, dans le cours de mes études, j'ai bénéficié des enseignements de Miguel Abensour. Nous étions alors au milieu des années 1980. Pour des raisons qu'il aimait lui-même à théoriser, M. Abensour donnait la préférence aux articles plutôt qu'aux ouvrages afin de partager les fruits de ses travaux. La visibilité n'est évidemment pas la même dans les deux cas. C'est pourquoi le suivi de ses cours et de ses conférences était important pour pouvoir s'approprier une pensée vive, enracinée dans une tradition avec laquelle je n'étais pas familier, ouverte en permanence à la confrontation et au débat d'idées et, ainsi que l'a montré ensuite sa volonté de promouvoir une philosophie politique critique, nourrie d'inflexions fécondes.

Je dois préciser que j'ai également suivi, à cette même époque, les séminaires de Cornelius Castoriadis et que j'ai lu une très grande partie de son œuvre. Les relations entre M. Abensour et C. Castoriadis étaient alors très distendues. Tous deux m'intéressaient néanmoins tout autant. Ils avaient participé à l'aventure éditoriale de *Libre* et avaient contribué activement au développement d'un programme

---

■ 1. I. Berrebi-Hoffmann, M.-C. Bureau, M. Lallement, *Makers. Enquête sur les laboratoires du changement social*, Paris, Seuil, 2018.

philosophique dédié à l'émancipation politique par des voies antiautoritaires. Dans cet espace intellectuel spécifique, l'utopie et l'imaginaire social étaient naturellement des thèmes majeurs. La lecture du « Procès des maîtres-rêveurs » de M. Abensour, qui a paru pour la première fois dans *Libre* en 1978 a été décisive[2]. Elle m'a convaincu que, contrairement aux interprétations sommaires souvent véhiculées par des figures conservatrices, l'utopie est une saillance émancipatrice à laquelle aucune société démocratique ne saurait renoncer sous peine de voir resurgir les démons de l'embrigadement systémique. Les cours que j'ai suivis avec M. Abensour m'ont complètement persuadé de la justesse d'une telle vue. Entré ensuite à l'université comme sociologue, j'ai d'abord mené des travaux plutôt classiques dans le champ du travail. Puis, pour des raisons variées, j'ai décidé de croiser deux traditions que tout opposait *a priori* : celle de la philosophie politique qui, le plus souvent, n'a cure de l'empirie auquel tiennent tant les sciences sociales ; celle de la sociologie du travail qui, à l'inverse, ignore l'utopie depuis toujours. De là est né un programme de recherche sur les utopies concrètes du travail dont l'ambition est de prendre au sérieux les visées émancipatrices dont les mondes productifs sont des vecteurs potentiels, et cela avec une exigence méthodologique propre aux sciences sociales. Pour le dire d'un mot, en regardant à la loupe des expérimentations destinées à faire pièce aux formes d'aliénation productives dominantes, l'un des enjeux de mes recherches est de montrer que, y compris parmi les plus dominé·es des dominé·es, l'*amor fati* n'est pas une fatalité sociale implacable. Inutile de dire que, pour alimenter une telle problématique, les travaux de Jacques Rancière, et notamment son grand livre *La nuit des prolétaires* paru en 1981, m'ont été aussi particulièrement précieux[3].

CP : *À plusieurs reprises, vous insistez sur l'importance de la filiation historique et du partage d'expériences dans la construction et la vitalité des communautés utopiques. Les communautés égalitaires, aux États-Unis, doivent en grande partie leur naissance et leur force au renouveau communautaire dans les années 1960. Des livres ont joué un rôle majeur dans le projet de mettre en place des « utopies concrètes », et vous insistez sur l'importance pour les communautés de la revue* Communities *pour échanger entre elles. Est-ce à dire qu'il ne saurait y avoir d'utopie sans* culture *ou sans* tradition *utopique ?*

ML : Au sein même du mouvement des communautés utopiques nord-américaines, mais cela est vrai aussi en Europe, il y a parfois cette illusion qu'en instituant des mondes utopiques concrets à la marge de la société dominante, on pratique une politique de la *tabula rasa* qui ignore tout legs historique. En réalité, il n'en va pas ainsi, même si la plupart des membres de ces communautés n'ont pas toujours une claire conscience de ce qu'ils doivent à ce que vous proposez de nommer une « culture » ou une « tradition utopique ». Deux arguments principaux militent en faveur d'une telle position.

D'abord le fait que les communautés utopiques ne sont pas nécessairement, c'est même rarement le cas, des bulles sociales complètement imperméables à leur environnement. Aux États-Unis, au XIXe siècle, on a pu montrer et j'ai pu confirmer

■ 2. Le texte a été réédité depuis : M. Abensour, *Le Procès des maîtres rêveurs*, Paris, Sens & Tonka, 2012.
■ 3. J. Rancière, *La nuit des prolétaires*, Paris, Fayard, 1981.

récemment en procédant à une analyse de réseaux de ces expérimentations sociales[4], que la grande majorité d'entre elles, 80 % environ, entretenaient des relations (échanges d'informations, visites, circulation des membres…) de nature à forger une culture commune qui érige le mode de vie communautaire comme une modalité possible et même souhaitable pour bien vivre ensemble. Par ailleurs, à la différence de la France, les communautés utopiques étatsuniennes sont fédérées depuis 1949 dans une organisation, la *Federation for Intentional Communities* (FIC), qui facilite les échanges entre les communautés utopiques, qui offre des ressources (la revue *Communities*, des livres originaux, des séminaires, des débats, des stages de formation…) destinées à faire connaître les modes de vie alternatifs et à promouvoir des valeurs comme le partage, le féminisme, la non-violence ou l'égalitarisme. La FIC encourage et soutient également la création de nouvelles communautés. C'est dire combien les convictions et les ressources collectives partagées, ce que l'on pourrait effectivement appeler une « culture », participent à la dynamique des utopies concrètes.

Deuxième argument : le poids de l'histoire. Pour être plus précis à ce sujet, je voudrais évoquer le cas d'une communauté à laquelle j'ai consacré une partie de mes derniers travaux. Il s'agit d'Oneida, qui a été fondée en 1848 dans l'État de New York par un puritain perfectionniste, John Humphrey Noyes. Aux États-Unis, le nom d'Oneida n'est pas étranger au plus grand nombre car cette communauté s'est spécialisée en fin de parcours dans la production de couverts en argent qui demeurent utilisés aujourd'hui. Mais le plus important est que, sous l'influence plus ou moins tacite des idées de C. Fourier, Oneida a expérimenté toute une série de pratiques destinées à révolutionner l'usage des biens (par le partage intégral de tout au profit de tous), l'organisation du travail (en promouvant un *free labor*) et les relations entre les sexes (en inventant le *free love*). Elle a aussi mis en place un système de confession (le *mutual criticism*) destiné à faciliter le contrôle réciproque des un·es sur les autres. Il se trouve que Twin Oaks, la communauté virginienne qui a été mon principal terrain d'étude ethnographique dans *Un désir d'égalité*, a reproduit sans vraiment le savoir, et en aménageant certaines modalités, ces ensembles de pratiques, qu'il s'agisse de l'abolition de la propriété privée dans la communauté (à Twin Oaks tout appartient à tous, y compris les vêtements), du travail qui s'effectue sur un mode très fouriériste, des relations polyamoureuses, des groupes de transparence… J'ajoute, car ce n'est pas rien, que les bâtiments de Twin Oaks portent tous des noms de communautés passées (Appletree, Beechside, Harmony, Kawea, Morningstar, Nashoba, Sunrise, Tai Chai, Tupelo, Zhankoye et Oneida) de manière à rappeler concrètement l'importance des héritages anciens. La bibliothèque de la communauté est d'ailleurs riche de très nombreux ouvrages de facture historique qui rendent compte de la tradition utopique dans laquelle s'inscrit Twin Oaks.

■ 4. M. Lallement, « Living in Utopia in the 19th Century. A Comparison of France and the United States », *Comparative Sociology*, vol. 20, n° 1, 2021, p. 45-69.

CP : *La référence à la nature est une constante des communautés utopiques égalitaires, et vous le montrez de différentes manières (par le thème du* wilderness, *par l'opposition ville/nature, etc.). À quoi tient cette référence ? Principalement à l'idée que la « grande société », la société dominante –* the mainstream society, the straight world *– aurait perverti l'homme en le dénaturant ? Ne peut-on pas imaginer une communauté utopique, égalitaire ou pas, qui, loin de faire référence à une nature humaine, considèrerait que tout n'est qu'une question de déterminisme culturel, et de bons déterminismes ?*

ML : La nature joue de fait un rôle important dans le système de représentations collectives des communard·es d'hier et d'aujourd'hui. À ce sujet, l'héritage d'Henry David Thoreau a été et demeure important. Ses écrits ont fortement contribué à colporter l'idée que la nature est un moyen de se prémunir contre toutes les turpitudes du monde industriel et urbain, qu'elle est le lieu de toutes les vertus morales, qu'elle est un foyer esthétique et scientifique méconnu, etc. Nous savons, grâce aux historiens de la nature comme William Cronon[5], qu'il n'y a pas plus antinaturel en réalité que ces représentations d'une nature première, étrangère à la civilisation… La nature est une construction sociale, et les communautés intentionnelles participent activement à ce sujet à la fabrication d'images dont le sens, la portée et les implications pratiques évoluent constamment. Nul n'ignore l'enjeu climatique actuel. Les communards d'aujourd'hui s'en sont saisis à leur façon, notamment en développant avec les éco-villages des formes de vie communautaires dont l'une des priorités absolues est le respect de l'environnement et de la planète.

Je ne pense pas, ceci étant, que les communard·es soient des rousseauistes qui s'ignorent. Il existe d'abord des communautés intentionnelles implantées en milieu urbain, Ganas (New York) étant l'une des plus connues. Toutes et tous savent par ailleurs ce qu'il en est des déterminismes sociaux *lato sensu*. Ils/elles ont majoritairement conscience que la plupart d'entre eux/elles sont issu·es des classes moyennes, qu'ils/elles ont eu la chance d'acquérir un minimum de bagage universitaire, etc., et que leurs origines et leurs trajectoires sont des atouts pour s'engager durablement dans la construction d'utopies concrètes. Ils/elles sont en revanche souvent démuni·es quand il s'agit de trouver les moyens d'ouvrir plus largement les portes de leurs communautés à des personnes de couleur et/ou de groupes et de classes situés au plus bas de l'échelle sociale, personnes qui de fait sont minoritaires dans les mondes communautaires actuels.

CP : *Vous montrez qu'il existe un lien historique entre les communautés intentionnelles américaines et les kibboutz. Pouvez-vous revenir sur l'historicité de ce lien, et nous dire s'il est encore important aujourd'hui, sachant que le nombre des kibboutz a fortement diminué en Israël, et que ces communautés semblent avoir perdu de leur caractère socialiste, collectiviste ?*

ML : Les liens entre les communautés intentionnelles nord-américaines et les kibboutzim israéliens ont été noués après qu'au début des années 1970 on a assisté à une reviviscence du mouvement communautaire étatsunien. Twin Oaks a

---

▓ 5. W. Cronon, *Nature et Récits. Essais d'histoire environnementale*, Bellevaux, éditions Dehors, 2016.

joué un rôle décisif en la matière, par l'entremise au premier chef de Kate Kinkade, une de ses co-fondatrices, qui a effectué un voyage en Israël en 1976. Suite à cette première prise de contact, la fédération israélienne des kibboutzim (Kibbutz Artzi) a été une force de proposition. Certain·es de ses membres ont suggéré la création d'une organisation inter-communautaire qui, sur le modèle israélien, mettrait en synergie les principales forces égalitaristes des États-Unis. C'est ainsi, qu'avec l'aide de Kibbutz Artzi, la *Federation of Egalitarian Communities* (FEC) a vu le jour en 1978. Par la suite, d'autres communard·es américain·es sont partis visiter des kibbutzim, et inversement. La revue *Communities* a rendu compte de ces échanges.

L'étonnant, lorsqu'on prend du recul, est de constater la proximité de certains choix organisationnels sans qu'initialement les communautés nord-américaines n'aient jugé nécessaire de regarder attentivement ce qu'il en était du côté des kibboutzim. Aujourd'hui, ces derniers ont bien changé puisque, sans même évoquer la privatisation de nombre d'entre eux, leur mode de fonctionnement a perdu de la radicalité utopique des débuts. En comparaison, le mouvement communautaire nord-américain et les expérimentations de type « zones d'autonomie » (temporaires ou non) qui ont fleuri en Europe (les ZAD par exemple) sont bien davantage représentatifs de la vigueur de ces énergies utopiques promptes à investir les marges du « grand monde » pour en contester les modes de fonctionnement et, *hic et nunc*, inventer des contremodèles viables et durables.

CP : *Twin Oaks est composé d'une centaine de membres. Pensez-vous que ce soit à peu près la taille maximale qu'une communauté égalitaire, pour rester fidèle à ses principes, peut avoir ? Une utopie concrète, sur le plan macroscopique ou à très grande échelle, est-elle impossible ? En d'autres termes, est-elle condamnée à n'exister qu'en marge de la grande société, et sur un mode contestataire ?*
ML : C. Fourier estimait qu'un phalanstère devait abriter entre 1 800 et 2 000 personnes en son sein. C'est à peu près le nombre d'ouvriers et de membres de leur famille que le Familistère de Guise logeait dans les années 1880, peu avant la disparition de son fondateur Jean-Baptiste André Godin. Dans les communautés intentionnelles nord-américaines, le nombre peut varier entre une poignée d'individus (cinq adultes ou trois familles au minimum) et près d'un millier, comme ce fut le cas par exemple dans les années 1970 à The Farm, une célèbre communauté implantée dans le Tennessee. La plupart des communautés intentionnelles accueillent en moyenne quelques dizaines et, au plus, une centaine de membres. Cela est bien sûr un choix délibéré. Le projet communautaire perdrait immédiatement toute pertinence si la vie s'organisait au sein de structures interdisant des interactions aisées de tous/tes avec tous/tes. Une taille trop imposante serait de même un handicap à l'institution d'un travail autonome. Elle susciterait aussi, à coup sûr, l'adoption d'une hiérarchie organisationnelle et elle serait donc une source de domination formelle. Enfin, parce qu'elles refusent le vote, les communautés les plus proches de la tradition anarchiste prennent leurs décisions au consensus. Or une telle manière de procéder serait également impossible au sein de groupements trop importants. Pour toutes ces bonnes raisons, la stratégie des communautés utopiques a toujours consisté à se scinder en petites unités une fois certains seuils atteints.

Ces communautés sont-elles condamnées de ce fait à vivre dans l'ombre du grand monde ? Je ne le crois pas. Depuis l'école sociétaire du XIXe siècle au moins, le pari est que l'organisation de microsociétés alternatives est un levier de transformation macrosociale. Cela est toujours une ambition du mouvement communautaire contemporain. La question demeure, il est vrai, de savoir comment faire pour parvenir à bousculer l'ordre dominant quand on procède à de tels émiettements. À l'observation, il me semble que plusieurs mécanismes sont aujourd'hui utilisés. J'en évoquerai deux. Le premier, cher aussi bien à C. Fourier qu'à la *Federation for Intentional Communities*, est celui de pollinisation : que fleurissent des milliers des phalanstères et de communautés intentionnelles... Nous sommes encore loin, il faut bien le reconnaître, d'un tel scenario, mais l'époque est probablement plus propice à ce type de stratégies qu'au moment des Trente Glorieuses. Autre mécanisme : la contamination. Je fais référence ici à la capacité des communard·es ou ex-communard·es à exporter les valeurs et les pratiques qui leur sont chères dans des mondes (l'entreprise, l'école, la famille...) qui leur sont ordinairement étrangers et à en pervertir ainsi les règles de fonctionnement élémentaires.

CP *: Vous écrivez : « Les communautés intentionnelles d'aujourd'hui n'ont pas perdu l'espoir de créer des bulles d'utopies concrètes aux marges d'un monde où le capitalisme règne plus que jamais en maître »* [6]*. Vous insistez, sur ce point, sur la logique de « composition » qui caractérise des communautés comme celle de Twin Oaks, à savoir un compromis avec le monde extérieur qui n'a rien d'une compromission. Twin Oaks est une communauté à la fois ouverte sur le monde, et critique envers la grande société. Mais jusqu'où va cette critique ? Les* oakers *ont-ils réellement le sentiment, pour la plupart, de contribuer à l'élaboration d'une société plus juste ?*

ML : Il convient, pour aborder cette question, de s'entendre immédiatement sur ce que l'on nomme critique. De ce point de vue, et je dois dire ici à nouveau l'importance de M. Abensour en faveur d'un tel geste [7], le retour à Karl Marx est particulièrement utile. Les deux principaux écrits de 1843 sur la philosophie du droit de Hegel nous indiquent qu'il n'est pas de critique sans indignation ni dénonciation, et que la normativité est par conséquent immanente à une telle posture. Mais ils soulignent également, ce qui est tout à fait crucial pour un sociologue, que la critique doit être aussi réflexive et explicative. Dans *La Sainte Famille*, la critique de la critique critique des jeunes hégéliens ouvre de nombreuses pistes dans cette direction. Enfin, et on ne le répétera jamais assez, *L'Idéologie allemande* désigne les communautés utopiques comme le lieu d'émancipation par excellence, l'espace où les individus reprennent la maîtrise d'eux-mêmes et du monde. Je pense en particulier au passage consacré à l'abolition de la division du travail et de l'État dans lequel K. Marx affirme que « c'est seulement dans la communauté qu'existent pour chaque individu les moyens de cultiver ses dispositions dans tous les sens ; c'est donc uniquement dans la communauté que la liberté personnelle devient

■ 6. M. Lallement, *Un désir d'égalité. Vivre et travailler dans des communautés utopiques*, Paris, Seuil, 2019, p. 208.
■ 7. M. Abensour, « Marx : quelle critique de l'utopie ? », *Lignes* 17, 1992/3, p. 43-65.

possible »[8]. F. Engels et K. Marx connaissaient bien les « colonies communistes » de leur époque. Leurs travaux font mention des expérimentations anglaises (la communauté Harmony créée par Robert Owen), françaises (le Familistère de Guise) ou encore étatsuniennes (les communautés Shakers, New Harmony, la communauté des séparatistes de Zoar, Brook Farm…).

Si être critique signifie tout cela, alors oui les communard·es d'aujourd'hui sont plus critiques que jamais. Ils nourrissent un refus obstiné à l'égard d'un monde colonisé par les puissances marchandes et étatiques, ils savent à peu près qui ils sont et pourquoi ils ont fait le choix d'un mode de vie différent, ils possèdent suffisamment de connaissances pour comprendre les ressorts du grand monde dont ils se sont écartés et, enfin, ils construisent et expérimentent au quotidien des espaces de vie qui s'apparentent à ce qu'Ernst Bloch appelait joliment des « rêves en avant » (*Träume nach vorwärts*)[9]. Ces composantes de la critique sont, bien sûr, inégalement présentes selon les individus et les groupements. Une chose est sûre cependant : ce n'est pas parce que les communautés font commerce avec le grand monde (par exemple en vendant à l'extérieur des biens – fruits et légumes, hamacs… – produits localement) qu'elles perdent leur âme et leur autonomie. J'ai même tendance à penser l'inverse et à croire qu'elles font la preuve de leur capacité à instrumentaliser à leur profit des systèmes habituellement réputés pour coloniser notre monde vécu.

CP : *Le système du travail est sacré à Twin Oaks et votre chapitre « Travail : l'utopie en pratique » est à ce sujet passionnant. Pour pouvoir tout mettre en commun, il faut produire, travailler, et réfléchir à la manière de trouver une juste division du travail par laquelle chacun peut à la fois faire vivre l'utopie concrète dans laquelle il s'est engagé, et sentir la richesse de cette utopie, comparativement à ce que propose la grande société. Mais, pour faire un lien avec la question précédente : n'y a-t-il pas un risque que la* straight society *récupère à son avantage les expériences et les alternatives des communards, pour renforcer* in fine *la logique capitaliste ? Des entreprises ne peuvent-elles pas chercher à s'inspirer des communautés utopiques pour offrir aux employés de meilleures conditions de travail, uniquement pour mieux savoir en tirer profit ?*

ML : Cela est tout à fait juste. J'ai conscience, et je ne suis pas le seul bien évidemment, de la puissance des systèmes institutionnels qui peuvent et savent retourner à leur avantage des ambitions initialement tournées vers l'émancipation individuelle et collective. Il n'est qu'à constater le succès rencontré il y a peu par le mouvement des « entreprises libérées » qui, au nom de la liberté, de l'autonomie, de la créativité…, instrumentalise des désirs de liberté au service de finalités exclusivement marchandes[10].

---

8. K. Marx, F. Engels, *L'Idéologie allemande*, in K. Marx, *Œuvres. III. Philosophie*, Paris, Gallimard, « Bibliothèque de la Pléiade », 1982, p. 1111. *L'Idéologie allemande* a été rédigée en 1845 et 1846 et publiée pour la première fois en 1932.

9. E. Bloch, *Das Prinzip Hoffnung. Kapitel 1-32*, Frankfurt-am-Main, Suhrkamp, 1985, p. 1616.

10. Voir par exemple I. Geetz, B.M. Carney, *Liberté & Co. Quand la liberté des salariés fait le succès des entreprises*, Paris, Flammarion, 2016 ou encore F. Laloux, *Reinventing Organizations. Vers des communautés de travail inspirées*, Paris, Diateino, 2015. Isaac Getz et Frédéric Laloux sont deux inspirateurs européens du mouvement des « entreprises libérées ».

La rhétorique de la responsabilité sociale n'est pas exempte de telles difficultés non plus quand, au nom de valeurs tout à fait respectables, elle sert à couvrir des pratiques managériales qui confondent elles aussi les moyens et les fins. Les ambiguïtés sont d'autant plus fortes qu'en France, pour des raisons qui remontent à la dernière guerre mondiale, la notion de communauté a longtemps eu mauvaise presse dans le mouvement syndical et bien au-delà encore. Appeler de ses vœux l'institution de communautés de travail peut paraître, à bon droit, une entreprise plutôt suspecte.

Il ne faut pas pour autant jeter le bébé avec l'eau du bain comme ont tendance à le faire certains observateurs pressés qui ne voient dans toute forme d'innovation sociale (qu'elle soit organisationnelle, culturelle, managériale, sémantique …) l'expression d'une ruse de la raison capitaliste destinée à opprimer les mondes du travail de façon toujours plus subtile et retorse. Mon pari, en développant une sociologie des utopies concrètes, consiste à prendre au sérieux les petits mondes de l'émancipation que rien ne condamne logiquement et nécessairement à la mise au pas ou à l'instrumentalisation perverse. Pour savoir ce qu'il en adviendra, seule l'histoire permet de trancher.

CP : *Le programme éducatif de Twin Oaks, sous l'influence de Burrhus Frederic Skinner, est très impressionnant, pour ne pas dire déroutant vu de l'extérieur. Confier l'éducation des enfants à des experts, des « metas », non à leurs parents ; interdire les termes « papa », « maman », les rayer des livres pour les remplacer par celui de « primaries »*, *dire que « les enfants ne sont pas la propriété de leurs parents mais de la communauté »* [11] … *autant de modalités qui ont de quoi surprendre. Vous dites que les oakers ont fini eux-mêmes par prendre leur distance avec de telles mesures qui découlent des principes skinneriens. Mais ne peut-on pas voir, dans un tel système éducatif, une volonté de* transformer *l'homme ? Leur système éducatif a-t-il fait ses preuves ? Et Twin Oaks est-il critiqué à ce sujet ?*
ML : Il est vrai que cette ambition de recomposer les rapports sociaux en rayant d'un trait de plume les relations familiales premières peut paraître un peu effrayante. Twin Oaks a été le siège de nombreux psychodrames liés à ce choix éducatif qui, dans les années 1970, était davantage en phase avec le mouvement contre-culturel du moment. L'histoire de l'éducation des jeunes enfants de Twin Oaks est d'ailleurs truffée de débats récurrents sur la bonne façon de faire : isoler ou non les enfants de leurs parents ? supprimer « papa » et « maman » du vocabulaire de la communauté ? instruire les jeunes pousses sur place ou les envoyer à l'école à l'extérieur ? etc. Déjà, quand il était venu rendre visite à Twin Oaks en 1978, Burrhus F. Skinner, dont la nouvelle utopique *Walden 2* [12] avait servi de modèle pour les fondateurs de la communauté virginienne, avait déploré l'affaiblissement des principes éducatifs alternatifs qu'il avait imaginés. Le temps n'a rien arrangé. Aujourd'hui, les enfants vivent avec leur famille biologique d'origine mais passent leurs journées dans un bâtiment dédié à leur éducation. Le fait que, dans leur plus jeune âge, ils ne fréquentent pas les écoles extérieures à la communauté ne pose pas problème en Virginie en raison de la défiance d'une grande partie de la

11. M. Lallement, *Un désir d'égalité, op. cit.*, p. 455.
12. B. F. Skinner, *Walden 2. Communauté expérimentale* [1948], Paris, Éditions In Press, , 2012, 2ᵉ éd.

population à l'encontre du système scolaire public. Fait intéressant, enfin, même si la plupart sont plutôt satisfaits de l'éducation qui leur a été apportée, très rares sont les enfants de communard·es qui, une fois devenus jeunes adultes, décident de poursuivre l'aventure communautaire.

CP : À plusieurs reprises, vous faites référence à Alexis de Tocqueville pour parler de la tension entre les principes d'égalité et de liberté qui caractérisent les démocraties contemporaines. Vous finissez de manière optimiste votre livre au sujet des communautés intentionnelles, puisque vous dites que tout invite « à faire l'hypothèse que notre futur commun pourrait être celui d'une société communautaire » [13]. *Les communautés intentionnelles, sans être parfaites, auraient accompli des « pas de géant » « en direction des terres de la bonne vie »* [14]. *Mais qu'entendez-vous par « vie bonne » ? Et que voulez-vous dire ? Que les communautés intentionnelles ont su trouver une articulation adéquate entre égalité et liberté, dont il serait bon que nous nous inspirions, pour rendre notre société plus juste ?*

ML : La « bonne vie » est une formule que j'ai reprise à mon compte pour faire résonance avec l'utopie entendue comme *eu-topia* (pays du bonheur). Le fait de regarder les communautés telles qu'elles sont, et non pas uniquement telles qu'elles devraient ou pourraient être, prémunit de tout angélisme ou de toute condamnation à l'emporte-pièce. Je regarde avant tout les utopies concrètes, et les communautés intentionnelles au premier chef, comme des bricolages gouvernés par le souci de celles et ceux qui s'y impliquent de donner forme et vie à des valeurs dont la déclinaison conjointe ne va pas toujours de soi. A. de Tocqueville a développé, comme on le sait, un point de vue original sur l'articulation entre liberté et égalité. La tension permanente et indépassable que j'ai pu observer dans les communautés intentionnelles entre ces deux idéaux régulateurs me semble être une bonne illustration de certains propos de ce fin connaisseur de l'Amérique. Mes conclusions m'éloignent cependant des usages les plus habituels d'A. de Tocqueville. La première est que l'individualisme n'est pas une nécessité historique, pas plus au demeurant que l'effacement du fait communautaire. En regardant comment la guerre des Dieux prend corps au quotidien à travers une multitude de petites décisions qui sont parfois sources de frictions et de dysfonctionnement, j'ai voulu également montrer que, comme d'autres organisations au demeurant, les communautés utopiques ressemblent davantage à des machines de Tinguely (pour reprendre une métaphore chère à Jean-Daniel Reynaud [15]) qu'à des mécaniques bien huilées qui imposeraient et qui reproduiraient à l'infini les mêmes façons d'être, de penser et de sentir. Dit autrement, toute l'intelligence des collectifs utopistes qui perdurent consiste à savoir recomposer des règles, à en imaginer de nouvelles, à s'adapter à des contraintes inédites, accepter et détourner des technologies longtemps réprouvées, etc.

Comme bien d'autres communard·es, les membres de Twin Oaks revendiquent et assument l'étiquette d'utopistes en ce sens précis. Ils ajoutent souvent que leur

---

■ 13. B. F. Skinner, *Walden 2, op. cit.*, p. 526.
■ 14. *Ibid.*, p. 527.
■ 15. Voir J.-D. Reynaud, *Les règles du jeu. L'action collective et la régulation sociale*, Paris, Armand Colin, 1989, p. 173.

communauté n'est pas le paradis mais que depuis là où ils vivent il est plus aisé qu'ailleurs d'en apercevoir les contours. Cette formulation n'est pas anodine. Elle convainc plus que jamais que, déjà riche de plusieurs siècles, l'histoire des utopies a franchi un nouveau cap. À la différence d'hier, nos sociétés ont de moins en moins besoin de rêveurs solitaires qui, en chambre, couchent sur le papier ce qu'une société juste ou une vie bonne devrait être. Pour des raisons qui tiennent avant tout à des mutations structurelles (à commencer par l'élévation du niveau d'éducation dans les sociétés occidentales), la fabrique utopique est devenue une affaire de plus en plus collective. Elle s'est démocratisée, avec pour conséquence majeure que les normes immanentes à toute *eu-topia* sont devenues, au moins à l'échelon local, des objets de délibération à part entière. C'est la face lumineuse de notre histoire récente. La face sombre, que C. Castoriadis a théorisée en termes d'hétéronomie (forme d'aliénation instituée par l'entremise de mécanismes marchands et de régulations bureaucratiques) [16], demeure néanmoins prégnante. Le néolibéralisme en est l'expression contemporaine la plus massive. Il demeure un obstacle de taille à la démultiplication des utopies concrètes.

CP : *Pour finir, diriez-vous que notre temps est à l'utopie ? Pensez-vous, par exemple, que la crise sanitaire liée à la Covid-19 favorise le désir utopique ? Quel diagnostic faites-vous des utopies concrètes en France ?*
ML : Je dirais volontiers que notre temps se prête plus que jamais aux utopies… concrètes. Je m'empresse de noter que la formulation n'est pas une coquetterie de sociologue préoccupé par la chaire du social. Deux raisons m'inclinent à défendre l'idée d'une métamorphose du fait utopique en direction de bricolages concrets. Complémentaire aux arguments évoqués précédemment, la première invite à prendre acte de la puissance et de l'actualité du mouvement d'individuation tôt perçu par Émile Durkheim. Les individus des sociétés contemporaines sont dotés d'une plus grande capacité réflexive que leurs ancêtres. Le degré et l'ampleur de leur *fides implicita* à l'égard des institutions est à la mesure d'une telle transformation. Conséquence : les utopies puisent de moins en moins à des sources hétéronomes, comme ce fut longtemps le cas avec les textes littéraires qui en étaient les principaux supports. Il s'agit désormais de faire utopie *ici*, avec les ressources dont l'on dispose.

La seconde raison est liée à la montée en puissance d'un nouveau régime de temporalité « présentiste ». François Hartog, à qui l'on doit cette théorisation, en repère les premières manifestations à partir de la fin des années 1980 [17]. Parce que nous sommes devenus prisonniers de la tyrannie de l'immédiat, notre avenir est désormais absorbé par notre présent. La façon de faire utopie n'a pas échappé à ce nouveau cadrage : il s'agit d'inventer d'autres façons de vivre *maintenant*. On comprend de ce fait que, parce que leurs regards restent rivés sur les rivages littéraires, certains spécialistes des utopies soient tentés d'en diagnostiquer la crise si ce n'est la disparition. En réalité, les rêves éveillés n'ont fait que se métamorphoser pour adopter des formes qui appellent probablement plus que jamais un traitement sociologique.

16. C. Castoriadis, *L'Institution imaginaire de la société*, Paris, Seuil, 1975.
17. F. Hartog, *Régimes d'historicité. Présentisme et expériences du temps*, Paris, Seuil, 2003.

J'ajoute, pour conclure, qu'il est un peu trop tôt encore pour pouvoir savoir si la crise sanitaire des années 2020 et 2021 a aiguisé ou émoussé le désir utopique. Le succès des ouvrages relativement récents d'Erik Olin Wright et de Rutger Bregman[18], tous deux consacrés aux utopies réelles, semble indiquer en tous les cas qu'avant la crise, ce désir était solide et manifeste. Il est sûr plus encore que la carte de France des collectifs qui exaltent la liberté, promeuvent la solidarité, exigent l'égalité, font preuve chaque jour de davantage de créativité … a gagné en densité au cours de ces toutes dernières décennies. De Printemps des utopies concrètes, il n'a donc jamais été autant question.

Propos recueillis par Sébastien Roman
Juin-juillet 2021

---

18. E. Olin Wright, *Utopies réelles* [2010], Paris, La Découverte, 2017 ; R. Bregman, *Utopies réalistes*, Paris, Seuil, 2017.

ABSTRACTS

Lieux de l'utopie

What Future for Utopia ? Notes on the Zapatista Uprising
Jérôme Baschet

Zapatista autonomy, which is being built in the rebel territories of Chiapas, can be considered as one of the most remarkable real utopias we can observe today. This paper gives a brief description of that experience and of some of its more reflexive contributions, in order to draw some lessons for a renewed approach to utopia in connection with the emergence of new regimes of historicity. For if utopia is dying under the reign of presentism, it must also undo its links with the now untenable futures of modernity – which leaves no other option than to track down unseen modalities of the future.

Messianism and Dystopia.
Anders from the perspective of Mannheim and Tillich
Christophe David

It was before Karl Mannheim and Paul Tillich, among others, that Günther Anders presented his philosophical anthropology of the utopian man at the end of the 1920s. From those authors he derived a chiliastic or millenarian conception of utopia involving a peculiar relationship to history and politics. This conception withered as the Second World War gave contradictory evidence. Viewing Anders in this context, one can show how some religious patterns took a secularised form in his work, and understand the « religious » turn that his thought sometimes took.

Miguel Abensour: Unconsenting to the Order of the World
Patrice Vermeren

The *eternal utopia*, an idea shared by conservatives and counter-revolutionaries, postulates that the same discourse of utopia always returns so as to legitimize a closed, authoritarian and static society, denying all kinds of temporality as well as the plurality and singularity of individuals. Against such an idea, Miguel Abensour bears witness to *the persistence of utopias*, i. e. the asymptotic, voluntarist and endlessly renewed attempt to end domination, voluntary servitude and exploitation. It works as if each moment of struggle renewed the new utopian summons to reject the order of things and to search for an entirely different society, under the imperative of a *conversion* which indiscriminately links philosophy, utopia and human emancipation.

Utopia or Collapse. Literature at a Turning Point

Jean-Paul Engélibert

Discourses on collapse are becoming increasingly popular, even as new criticisms show that they repeat some illusions of modernity. The fact that mainstream literature has shared the same unthought background since at least the rise of the novel in Europe may be more surprising: the very form of the novel has prevented it from representing the contemporary civilizational and ecological disaster. With Fredric Jameson, our hypothesis is that utopia, thanks to the eschatological tension it introduces into history, offers an alternative. In particular, the analysis of Alain Damasio's novel *Les Furtifs* can suggest an ontology and politics opposed to both neoliberalism and collapsology.

FICHE DOCUMENTAIRE

4·TRIMESTRE 2021, N° 167, 116 PAGES

Le dossier du numéro 167 des *Cahiers philosophiques* est consacré aux « lieux de l'utopie » et à une caractérisation différenciée de la notion d'utopie elle-même.

La rubrique « Situations » propose deux entretiens : l'un avec Pierre Macherey, en particulier autour de son ouvrage *De l'utopie !* (2011) ; l'autre avec Michel Lallement, à partir de son livre *Un désir d'égalité. Vivre et travailler dans des communautés utopiques* (2019).

Mots clés

Alain Damasio, Burrhus Frederic Skinner, Chiapas, Charles Fourier, chiliasme, collapsologie, dystopie, effondrement, égalité, espérance, éternelle utopie, furtifs, Günther Anders, héroïsme, idéologie, Karl Mannheim, messianisme, Miguel Abensour, millénarisme, Paul Tillich, réformateur, Twin Oaks, utopie réelle, utopie, zapatiste.

Platon et l'utopie. L'être et l'existence

Jean-Yves Lacroix

Platon, père de l'utopie : la chose semble aller de soi. L'utopie, vaguement comprise comme idéal séduisant mais irréalisable, serait d'essence platonicienne. Cet ouvrage entend revenir sur ce lieu commun en prenant pour référence fondamentale l'*Utopia* de Thomas More, qui est à l'origine du genre littéraire et en fixe les traits : sont à proprement parler des « utopies » des descriptions détaillées de populations supposées exister actuellement, découvertes au terme d'un voyage, et dont la vie est structurée par des institutions parfaites. Quels « utopismes » peut-on alors trouver dans les Dialogues?

Il se trouve pourtant que l'enjeu est [...] humain et terrestre : c'est de la vie bonne, heureuse, sur terre et pour les hommes qu'il s'agit. En particulier, l'exigence platonicienne de la participation implique une relation complexe à l'utopie pour ce qu'en termes modernes on qualifie de révolutionnarisme et de réformisme..

Vrin - Tradition de la pensée classique
424 p. - 13,5 × 21,5 cm - 2014
ISBN 978-2-7116-2554-3, 40 €

Qu'est-ce qu'une utopie?

Jean-Marc Stébé

L'utopie, qui fait partie de l'imaginaire social, nous impose d'interroger les relations entre l'imaginaire et le réel. [...] Cet imaginaire qui procède de la vie sociale relève à la fois de l'universel et du culturel : partout les êtres produisent de l'imaginaire, mais partout celui-ci est affaire de civilisation dans la mesure où il circule à travers l'histoire, les cultures et les groupes sociaux.

Force est de constater que le lieu de l'utopie est la ville, que les utopies sociales sont des utopies urbaines. En effet, les penseurs à l'origine des utopies ont tenté, dans une très large mesure, d'organiser rationnellement à travers le référentiel spatial urbain la vie sociale. Autrement dit, une utopie n'est-t-elle pas une entreprise d'organisation spatiale de la vie des hommes à partir de cette forme de vie humaine qu'est la ville? C'est dire si de ce point de vue l'utopiste commute : s'il transforme les rapports sociaux (les usages) en rapports spatiaux (en plans, en maquettes)

Vrin - Chemins Philosophiques
128 p. - 11 × 18 cm - 2011
ISBN 978-2-7116-2341-9, 9 €

L'utopie

Le Philosophoire

Comment reconnaître une utopie? Quelle est sa nature, comment la distinguer de la simple fiction, ne pas l'assimiler à un idéal de l'imagination? Conceptualiser l'utopie, c'est aussi répondre de sa fonction : c'est une question anthropologique : « Pourquoi en effet trouvons-nous en nous des idées qui, quoique dépassant toute expérience possible, et s'avouant en cela impropres à qualifier le moindre objet, ne cessent d'orienter nos pensées? Pourquoi nous passionnons-nous sans effort pour ce qui ne laisse pas d'apparaître pourtant comme impossible »? S'agit-il plutôt, comme l'entend Kant, de l'élaboration d'une fin déterminant notre pratique, ou bien les utopies demeurent-elles, comme l'avance Comte, des œuvres de l'imagination, plus proche du mythe, et ainsi destinées à enrayer par exemple l'érosion du rationnel, la sécheresse du théorique pur dans l'organisation du social?

Le Philosophoire
208 p. - 14 × 21 cm - 2015
ISBN 978-2-35338-047-3, 16 €

Derniers dossiers parus

Cahiers Philosophiques

BULLETIN D'ABONNEMENT

Par courrier : complétez et retournez le bulletin d'abonnement ci-dessous à :
Librairie Philosophique J. Vrin - 6 place de la Sorbonne, 75005 Paris, France
Par mail : scannez et retournez le bulletin d'abonnement ci-dessous à : fmendes@vrin.fr
Pour commander au numéro : www.vrin.fr ou contact@vrin.fr

RÈGLEMENT

❑ France
❑ Étranger

❑ Par chèque bancaire :
à joindre à la commande à l'ordre de
Librairie Philosophique J. Vrin

❑ Par virement sur le compte :
BIC : PSSTFRPPPAR
IBAN : FR28 2004 1000 0100 1963 0T02 028

❑ Par carte visa :

_ _ _ _   _ _ _ _   _ _ _ _   _ _ _ _

expire le : _ _ / _ _
CVC (3 chiffres au verso) : _ _ _

Date :
Signature :

ADRESSE DE LIVRAISON

Nom
Prénom
Institution
Adresse

Ville
Code postal
Pays
Email

ADRESSE DE FACTURATION

Nom
Prénom
Institution
Adresse
Code postal
Pays

ABONNEMENT - 4 numéros par an

Titre	Tarif France	Tarif étranger	Quantité	Total
Abonnement 1 an - Particulier	42,00 €	60,00 €		
Abonnement 1 an - Institution	48,00 €	70,00 €		
			TOTAL À PAYER :	

Tarifs valables jusqu'au 31/12/2021

* Les tarifs ne comprennent pas les droits de douane, les taxes et redevance éventuelles, qui sont à la charge du destinataire à réception de son colis.